「売れる」のウラ教えます

武器としての行動経済学

マーケティングコンサルタント
弓削 徹

あさ出版

はじめに

◎人の微妙な心理には、法則性がある

突然ですが、クイズです。

クイズ　あなたならどう売り込むでしょうか？

　あなたは、不動産会社の新人営業です。

　駅から徒歩20分と不便な場所にあり、これといった魅力がない平凡な木造アパート。長らく借り手がつかないことから、「これでは生活ができない」と大家さんに泣きつかれてしまいました。

　さて、あなたはどうやって賃借人を見つけますか？

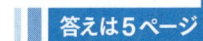 答えは5ページ

　「いきなり、クイズ!?」と驚かれた方もいらっしゃることでしょう。実はこのクイズの答えこそ、これから本書で説明していく「使える（実践できる）行動経済学」の手法の一つなのです。

◎人の心理や習慣をデータ分析して体系化

　「行動経済学」とは、経済学に心理学の知見を取り入れ、「人は自己利益のために完全に合理的な意思決定をする」という従来の経済学の仮定を、より現実的な仮定に置き換えて

分析する学問です。

　カンタンに言えば「特定の条件下で人びとがどのような経済行動をとるのか」を研究するものですが、実際には、人は買物をはじめとする日々の行動において、必ずしも合理的な判断をしているわけではありません。

　たとえば、コンビニでスナック菓子を選ぶとき、皆さんは30分もかけて深く悩みますか？　悩むことはあっても数分間ぐらいで、ほとんどの場合は「これを食べたいな」といった直感や習慣に基づいて買っているのではないでしょうか。

　あるいは、値上げされた商品ばかりが並ぶ棚で、ある商品だけがセール価格になっているのを見つけ、「おトクだ!」と喜んですぐに選んだりするはずです。

　つまり、人の行動やその行動の起点となる心理には直感や習慣に基づく一定の法則性があり、それを実験や研究をしデータ分析によって実証することで体系化したのが「行動経済学」なのです。

◎「モノを売る」際の武器となる

　近年、行動経済学は世の中に広く浸透し、ビジネスや政治でも活用され、ノーベル経済学賞まで受賞しています。

　オバマ政権下の米国では、「デフォルト効果」という行動経済学の知見を政策に取り入れ、年金保険制度に自動加入オプションを導入することで、加入率を大幅に向上させています。

日本でも、業界やシーンを問わず行動経済学を取り入れたマーケティングが実践されており、そんな世相も反映してか、関連する書籍も数多く出版されています。

　先ほど、「学問の一分野」とお伝えしましたが、実際には人を動かしモノを売るための武器としても、役に立つという効用があるわけです。

　私が教鞭をとっている大学院でも、「行動経済学」の授業はほかの科目以上に学生たちの反応が大きく、質問が活発に飛び交います。

　授業では、行動経済学がモノを売るための武器としても役立つという意味で、「行動経済学とは人間の行動が感情や心理に左右される現象をロジカルに整理した学問である」と伝え、その本質を次のような式で説明しています。

心理学×経済学＝行動経済学≒マーケティング

　かのフィリップ・コトラー（マーケティングの大家！）も、「行動経済学とはマーケティングの別名である」と述べています。

　経済学の理論に心理学の要素をミックスすることで、人のリアルな経済活動や買物の傾向がわかる――。別の言い方をすると、「仮定と現実のズレ」を捉え、それを活用して合理的な意思決定へと誘導するのが行動経済学であり、マーケティング活動に取り組むうえで欠かせない知見といえます。

　では、ここでクイズの答えです。

答え 「平凡な木造アパート」よりも条件がわるい物件を先に見せる

　平凡な木造アパートであっても"素晴らしい"物件、つまり、"ほかよりよい物件"と思わせれば、すぐに借り手は見つかります。

　それには、まず「平凡な木造アパート」よりも条件がわるい物件を見せ、その後、「平凡な木造アパート」よりも条件はよいけれど家賃が高い物件を見せ、最後に「平凡な木造アパート」を見せます。

　すると相手は、与えられた選択肢のなかで「もっともよい」と思える「平凡な木造アパート」を選ぶというわけです。

本文28ページも参照

　これは、行動経済学の「アンカリング効果」（※156ページも参照のこと）を使った手法です。

　もちろん、物件のよさを一生懸命アピールするのも一つのやり方かもしれません。しかし、ほかの物件と比較する体験をしてもらう行動経済学の効き目を知っていれば、使えるセールスの打ち手の選択肢が増え、よりよい結果を得られるのです。

◎「学問」から実践で役立つマーケティング手法へ

　ところが、行動経済学を学んではみたものの、いざ実践しようとすると使うタイミングがわからない、または使ったけれど効果が出なかった、という人も少なくないようです。

　たしかに行動経済学の手法は、つねに大きな結果につなが

るというものではありません。

　それでも、行動経済学の手法を使えば、売上は確実に改善します。最初のうちは、ささやかな成功かもしれません。しかし、これを積み重ねることで、確実に大きな成果につながるのです。

　その一つの例がウェブマーケティングにおける、「商品購入ボタンはグリーンにすべし」という、色彩心理学に基づいた定説です。

　赤は「ストップ」の色であり、青は購入を急ぐ熱量を冷やして「冷静にさせる」色、グリーンはリラックスさせる色です。信号機の「進め」の色でもあるので、購入ボタンはグリーンにしましょう、と私も支援先にアドバイスをしています。

　これもまた、色を変えただけで、劇的に売上がアップするわけではありません。ただ、あらゆる可能性を積み上げる努力によって売れるサイトをつくり上げていくことはできるという端的な例といえるでしょう。

◎商品販売のプロセスに合わせて活用法を解説

　人がモノを買う行為（購買行動）は、意思決定に基づいています。この意思決定のメカニズムを知ることができたら、モノを売るうえで最強といえます。このメカニズムが行動経済学であり、活用することでビジネスは伸びていきます。

　自社の商品を買う人は誰か、どうアプローチすればよいのか、どんな表現やオファーがよいか、価格やプロダクト設計

はどうしたらよいか。さらに、商談時のセールストーク、ウェブのキャッチコピーをどう書くかなど、さまざまなシーンで行動経済学は役に立ちます。

　本書では、商品を販売するプロセスにおいて、商品開発や販路開拓、営業などで実践できるよう、行動経済学を、いつ、どのように活用したら成果につながるのか、イラストや図を使って平易な表現で順番に解説しています。
　さらに、実践のしやすさを第一に考え、消費者行動学や心理学などの知見も幅広く援用しています。

　本書は行動経済学の「学術書」ではなく、「活用書」です。
　知識は、活用してこそ価値を発揮します。
　ご一読いただくことで、より効果的に販売促進ができるようになるだけでなく、あなた自身を売り込む機会や、日常のコミュニケーションなどでも活用できるシーンはたくさんあることと思います。
　さまざまな場面で本書をお役立ていただけると幸いです。

Contents

第2章
広告表現　「それなら欲しい!」と言わせる表現を探せ!

本文イラスト／ナカミツデザイン

プロローグ

個人にも！ 会社にも！「行動経済学」は役に立つ

　行動経済学の話をすると、必ず出るのが「ウチはBtoB*1なので、あまり関係ないのでは？」という意見です。

——そんなことは、ありません！
人のあるところ、つねに意思決定あり。
BtoBにも、行動経済学は役に立ちます。
ぜひ、このプロローグを参考にしてください。

なお、BtoC*2 を早く読み進めたい方は、ひとまず飛ばしていただき、あとから戻って読んでいただいても結構です。

★1　BtoB：Business to Business ／企業間の取引
★2　BtoC：Business to Consumer
　　　／一般の生活者を対象とするビジネス

1 BtoBにおいても「非合理的な判断」が下されるワケ

　主戦場がスーパーの店頭などのBtoCでは、新商品や変わった商品を"つい"手にとってもらえるなど、衝動買いが起きやすい傾向があります。

　これに対して、組織対組織で意思決定するBtoB取引では、「合理的な判断が下されやすいので行動経済学の手法は、あまり役に立たない」といった意見を聞くことも少なくありません。

　ただ、こんな話があります。

　フランスとイギリスが協力して進めた、超音速旅客機コンコルドの開発は、BtoBそのものであり、国家の威信をかけた一大プロジェクトでした。

　ところが、途中からさまざまな問題が噴出し、高額な運賃を設定しても採算が取れないことが明らかになります。

　それでも、すでに莫大なおカネと時間を投じていたため、なかなか「中止」するという合理的な意思決定に踏み切れませんでした。

　結果として、墜落事故やアメリカ同時多発テロ事件によって航空需要全体が低迷したことなどから、ようやく運航停止が決定され撤退に至ったのです。

チームの想いが損失拡大を招くこともある

◎組織でも合理的ではない決断をする

　行動経済学では、"過去にこだわり過ぎることで損失につながる"ことを、この事例にちなんで「コンコルド効果」と呼んでいます。また、似たようなケースで"過去に費やしたおカネや時間を惜しんで損失を重ねてしまう"ことは「サンクコスト効果」と呼びます（※46ページも参照）。

　つまり、BtoBといえども行動経済学は有効であり、その呪縛から逃れることはできないのです。

　企業などの組織であっても冷静な意思決定がおこなわれないからこそ、努力をしても利益につながらないプロジェクトや、冷静に考えれば損になる契約を結ぶような、非合理的な

判断が下されるわけです。

　あるいは、会社員を経験している人なら、有能なはずの上司や同僚が集まった会議で愚かな結論が導き出されるような場面を、いくつも体験しているのではないでしょうか。

◎組織にも人と同じく行動経済学が当てはまる

　地面師や資金詐欺など、企業が詐欺被害に遭った報道に接すると、登記簿や資格証などの偽造書類が巧妙であるだけでなく、人が人に騙されたのだということが想像できます。

　顕著な特徴や権威性に引きずられて評価を歪めてしまう心理現象を「ミルグラム効果」といいますが、詐欺事件に象徴される取引において資格や肩書きにミスリードされる現象は、この心理効果によるものです（※112ページも参照のこと）。

　例えば、「有資格者だから信頼できる」「国際特許を取得している」「博士号を持っているから優秀」「米国の大学を出たエリートだ」などの文言によって冷静な判断ができなくなってしまうのです。

　こんな話もあります。

　ある空気清浄機メーカーは、高品質の空気清浄機を鉄道会社Aに納品していますが、別の鉄道会社Bには納品ができません。その理由は、鉄道会社AとBが互いを嫌い合っているため、Aに納品している会社はBとは取引できず、その逆にBに納品している会社はAとは……ということなのです。

　高機能や低価格など導入すべきメリット（合理性）がある

BtoB に見られる非合理的な判断例

- 自分の仕事量が増えるのをきらって、
  割高なワンストップ業務をウリにする企業に発注する

- 社内でもできるカンタンな作業を、
  現場ラインの組替えがめんどうなので赤字でも外注する

- 気に入らない前任者の方針を否定するために、
  低品質を承知で調達先を別企業へ変更する

- 競合より明らかに価格が高いのに、
  旧知の企業に発注する

- 高品質な商品を持つ会社の担当者を、
  毛嫌いしているので遠ざけてしまう

なら、好き嫌いなど気にしないのがBtoB の世界かといえば、まったくそうではないのです。

◎そもそもBtoBとBtoCの境界はあいまい

ビールやクルマなどの商品はBtoCのようですが、途中までは素材メーカーやディーラー（スーパー、コンビニ）との取引ですし、最終販売先まで企業（料飲店）であることも少なくありません。

近年、増えている個人事業主やフリーランスも法人登記はしていても、結局は1人で購入を検討しています。

このように、企業や組織であっても行動経済学は有効であり、本書で説明する心理効果を活用できる余地は大きいといえるのが、おわかりいただけたでしょうか。

2　BtoBにおいては 行動経済学を「逆手にとる」といい！

　では、なぜ組織であっても非合理的な判断に囚われてしまうのでしょうか。

　それは、よくもわるくも「企業は人なり」ということだと思います。企業や組織といえども、意思決定をしているのは感情に動かされやすい人間だからです。

　たとえば、経営トップに権力が集中しているケースを見てみましょう。

　国内企業の96.3％は、経営者一族が世襲でトップを引き継いでいく同族企業です[※]。一定数以上の株式保有を背景としているので、経営者のツルの一声でいろいろなことが決まることが少なくありません。

※出典：国税庁「会社標本調査結果（2020）」

　経営トップに意思決定を集中させるスタイルは、株主や市場が求めるスピード経営にもつながりやすいため、最近はスタートアップはもちろん、大企業にまで広がっているとされます。

　しかし、経営トップがいかに有能であっても、人間である以上、感情に左右され、ときには合理的でない決定を下してしまうことも少なくありません。

キーマンとなる決定権者に響く一点を訴求すればいい

◎トップやリーダーに刺さる資料と訴求点を

　また、多忙なトップは、少ない材料のみで短時間に意思決定をしなければならないこともあります。

　これを逆に利用し、あなたの営業資料をわかりやすく、"ひとり歩き"できるもの——資料が説明不要で伝わる明快な内容につくり込めれば、とても強いといえます。

　この資料を個別案件の担当者がトップに見せるだけでポイントが伝わり、受注へ結びつけば理想的だと思いませんか。

　現場へと権限委譲が進んでいる会社でも同じことです。

　各部門のキーマンとなるリーダーが、小さなトップとなって同様の意思決定をするからです。

それならば、商談やプレゼンテーション（以下プレゼン）の際に、誰が決定権を持つリーダーなのかをまずは突き止め、そのキーマンがこだわる決定ポイントを強調したアウトプットをすればいいのです。

◎どんなに賢い人であっても集団では間違いを犯す

　次に、トップダウンではなく多数決で意思決定する組織で考えてみましょう。

　「衆知」が正しい結論を出すことを期待される一方で、多数決により無責任な決定がなされてしまう可能性もあります。

　たとえどんなに賢い人が集まって検討していても、集団のなかでは同調圧力などに屈して誤った判断が下されてしまう現象のことを「グループシンク（集団思考）」と呼びます。

　具体例として、NASAスペースシャトル「チャレンジャー」の事故、ベトナム戦争がエスカレートしてしまった事案などが挙げられます。

　また、組織ゆえにむしろ非合理的になってしまうということもあります。

　例えば、専門性が高いニッチな分野のため購入決定要素がフクザツになってしまうような場合に、つい現場のカンや先入観（バイアス）に頼って決めてしまうケース。

　かと思えば、フクザツな購入決定要素を一度きちんと研究して策定すると、環境が変化して決定が合理性を欠くようになっても同じパターンで買いつづけてしまう、という現象も

衆知が集まることも、無責任が積み重なることもある

起こりえます。

　あるいは、生産の根幹に関わる重要な材料を切らしてしまった担当者が、組織全体から非難されるため、たとえ高額でも緊急購入しようとする、という場面もあるでしょう。

◎品質より接触時間で受注が決まる?

　営業訪問や接待をきらう人もいる反面、訪問回数が多い会社に発注してしまう人もいます。

　とても非合理的なことに思えますが、これこそまさに行動経済学における「ザイアンス効果」です。

　ザイアンス効果とは、人に何度も会うことで好意を持ちやすくなる心理現象のことです(※82ページも参照)。

給与日本一で知られるキーエンスでは、顧客との接触時間を増やすことがKPI[*]となっています。

　実際に、「訪問回数が多いゆえ、何かあったときに真っ先に顔が浮かんだ」ということで相談やニーズの共有が実現し、提案・納品に結びつくケースは少なくありません。

　もちろん、前提として同社ならではの高品位な提案があることは事実です。しかし、物理的な密着営業がその土台となっていることは間違いなく、行動経済学をうまく取り入れた例だと私は思っています。

[*]KPI：キー・パフォーマンス・インジケーター。ビジネスにおける最終目標に向けた達成度を計る指標

第1章

売り方／商談

売り方の視点を変えると売上は激伸びする！

商品の売り方やメニュー設定を決めたり、販売促進の基本企画を立てるときに活用できる、行動経済学は数多くあります。

商品を魅力的だと受け止めてもらうための、考え方やセールストークの技法も含んでおり、マーケティングの基本ともいえる内容です。

1 即決購入してもらうには選択肢を３つにする

選択のパラドクス

定 義

商品購入の際、選択肢が多すぎることで選べなくなって後回しにしたり、とりあえず選んだものの後悔したりすること（＝選択回避の法則）。

事 例

ある美容外科医院では、医師によって手術の成約率にバラつきがあった。調べたところ、意外にも親切にいろいろな方法を説明する医師は成約が少なく、いちばんよいプランを決めつけて、「なぜよいか」を説明する医師の成約が多いことがわかった。

即 決購入してもらうには最適な選択肢を提示する

一般的に、人は豊富な選択肢の中から好みの商品を選びたいと考えます。ところが、いざ豊富なバリエーションを目の前にするとあれこれ迷って決定できず、結局は買うことをやめてしまう傾向があるのです。

選択肢が多すぎると選べなくなる状態は"決定麻痺"とも呼び、そこには情報過負荷による先送りの心理がはたらいています。

　ただ、新規性の強い新商品の場合、選択肢が一つしかないと価格や機能の判断ができず、やはり買ってもらえないということが起きます。

選 択肢は欲しいけれど多すぎると選べない

　選択肢が多すぎたりフクザツすぎたりするとストレスになり、顧客は選択をあきらめてしまいます。

　有名な話として、「多すぎるジャム」の実験があります。

　コロンビア大学教授のシーナ・アイエンガーはスーパーで2つの試食販売コーナーを作り、一方は24種類のジャムを並べ、もう一方は6種類のジャムを並べて販売する実験をしました。結果、24種類の売場は注目されたものの、実際に購入したお客様は2人でした。一方の6種類の売場では実に12人に売れたのです（ジャムの法則）。

これはリアル店舗だけの話ではありません。

ウェブショップのよいところは、スペースの制約がなく選択肢が豊富なことですが、それが裏目に出て選択をあきらめたり、希望の商品がほかの多くの商品にうもれて見つけにくくなり、購入機会を逃してしまうケースもあるでしょう。

つまり、ウェブショップなどでは、どれだけ選びやすいシステムを構築できるかが決め手になるといえます。

例えば検索しやすい（絞り込み検索、横串で指定できる、など）、イエス・ノーで選べるフローチャート式にする、レコメンド機能が適切、などの仕組みが重要になるのです。

お客様が効率的に買物ができるようにするためには、適度なボリュームの選択肢を提示し、選びやすい仕組みを提供する必要があります。

選択肢の設定を間違えると、お客様は離れてしまう

サンドウィッチの具材などを自由に選べる「サブウェイ」の国内店舗数はピーク時の半分以下になっています（2025年3月現在）。感染症やライバルの外食店舗の充実などの要因もありますが、ここまで店舗数が減った要因の一つに多くの人がいう「注文がめんどう」ということもあるでしょう。

一方で、麺の硬さや油の量、トッピングをいろいろ選べるラーメン店が話題ですが、これは「注文がめんどう」を逆手にとった戦略だといえます。めんどうな「手続き（注文）」をコアなファンとの絆づくりに活用しているわけです。

飲食店が利幅を確保して回転率を高めようとする場合、例えばラーメン店であれば「おすすめ」を一推しし、その対抗馬として2、3品くらいをメニューの冒頭に並べておく、いわゆる「松竹梅メニュー」というやり方もあります。

選 択肢が少なすぎると買ってもらえない

　はじめて米国の専門店にホームベーカリー（家庭用パン焼き器）が置かれたときのことです。

　事前のマーケティング調査では評判は高かったのに、いざ販売を始めると275ドルを高いと感じてしまったのか期待ほどには売れませんでした。

　そこで、新たに415ドルする別の機種も同じ店舗に置くことにしたところ、275ドルのホームベーカリーが急に売れるようになったのです。

　これは「コントラスト効果」といわれるものです。

　つまり、お客様は（275ドルは適正価格なのだろうか？　それとも高いのだろうか？）と悩んでいたということです。そこへ、より高額な機種が並べられたことにより、最初の機種は相対的に安価になり、「買うか買わないか」から、「どちらを買うか」にお客様の考えが移行。さらに、（バリエーションが出たということは人気の電気製品なのだ）と勝手に想像したわけです。

　そもそも人は絶対的な価値観を持っていません。与えられた選択肢の中で相対的に考えます。ホームベーカリーの例で

も、相場価格や価値はわからなかったものの、比較対象が現れたことで意思決定ができたのです。

　企画案などを提案する場合でも、1案だけでは決めかねてしまうので3案ていどを提出したりしますよね。見積もりでも、相見積もりがないと安いのか高いのか判断ができません。市場にライバルのいない新機軸の商品を発売するときは、最善の1メニューだけを投入するのではなく、"当て馬"となるようなバリエーションも共に発売することで、お客様の選択をあと押しできるというわけです。

選択はコントロールできる

　自分で選んだつもりが選ばされている――「マジシャンズ・セレクト」という言葉を聞いたことはあるでしょうか。
　選択肢の中に相対的におトクなものと、そうでないものを入れておくと、多くの人は"自分の意思"でおトクなものを選びます。
　お客様には「自分で合理的に意思決定した」と思わせながら、実際には販売側の売りたいものを選んでもらえるように誘導しているわけです。
　例えば売れているマンションのセールスパーソンは、次のように物件紹介を演出します。

　最初にイマイチな物件を紹介し、2軒目でも条件のわるい物件を見せ、最後に普通の物件を見せるのです。そうすると普通の物件が輝いて見えてしまい、「ここで契約しよう」と

の意思決定がスムーズにおこなわれる「レンジ効果」（「アンカリング効果」※156ページも参照のこと）が発動するという寸法です。

　心理学および行動経済学の専門家であるダン・アリエリーは、ある経済誌の定期購読の方法において、3つの選択肢を提示した際の実験結果を紹介しています。

（1）ウェブ版のみ購読　　59ドル
（2）印刷版のみ購読　　125ドル
（3）印刷版＆ウェブ版セット購読 125ドル

　これなら（3）がおトクに見えてしまいますね。実際に8割以上の人が（3）を選びました。絶対に選ばない比較対象を置くことで意思決定を促す。それによって選択をコントロールしたのです。

選んだつもりが選ばされている

　実際に、2025年3月現在、日本経済新聞の月額購読メニューは次のようになっています。

- 日経電子版＊個人プラン　　　　　　　　4,277円（税込）
- 日本経済新聞（朝刊のみ）　　　　　　　4,800円（税込）
- 日経電子版＋日本経済新聞（朝刊のみ）5,800円（税込）
  ＊個人プラン

国内新聞メディアで唯一、電子版購読者獲得に成功しているとされる日本経済新聞社も、おトクに見えるメニュー設定を意識していることがわかります。

「お」とり効果」で選択肢をコントロールする

　アパレルショップで、「こんな色、誰が買うのだろう？」と感じる不人気そうなカラーや柄を見かけたことはないでしょうか。

　こうした不人気カラーがあってこそ、人気のカラーバリエーションが順調に売れるのです。つまり、「誰が買うの？」という色が、売れる商品選択の意思決定をあと押ししているというわけです。

　とくに日本人は「普通」であることで安心しがちです。そのため、さまざまな場所でおとり価格や商品設定を目にすることになります。つまり、お客様は"選ばされている"のです。

　行動経済学の視点で見ると、お客様の選択決定を促したり特定の商品を選ばせたければ、多すぎず少なすぎない選択肢を設定する必要があるということがわかります。

　具体的には、2〜4の選択肢を用意し、選びたくないものを当て馬として入れておくということでしょうか。やや多めの選択肢を求められる食品のフレーバーやアパレルのカラーバリエーションでも、6から8種類ていどが適正といえるのです。

「選択のパラドクス」の実践テクニック

▶ 選択肢が多すぎると選べなくなってしまう

▶ 選択肢が少なすぎても買ってもらえない

▶ メニューは3つなどにする

▶ おとり商品を入れることで選択はコントロールできる

▶ 選んでもらいやすくする仕組みをつくる

（例）

- 人気ランキングを発表する
- おすすめを提示する
- 定食/お仕着せにする
  （「おトクな3つのプラン」など）
- 価格設定を工夫する（※第3章以降を参照のこと）
- 選び方を教える
- ラインナップを工夫する

2 売れはじめた商品の 拡販は人気を演出する

バンドワゴン効果

定 義

多くの人が支持していると知らせると、さらに支持を集め やすくなる現象。いわば勝ち馬に乗るような心理傾向のこと。

事 例

　Apple社では新型iPhoneの発売日をイベント化している。店頭に行列をつくって熱狂する多くの購入者（ファン）をテレビのニュースで報道してもらうことで、その人気を繰り返し印象づけてきた。

　報道のおかげもあり、ブームに乗ることが好きで同調圧力が強い日本でのiPhone所有率は約7割ていどと高く、世界平均の約3割を大きく上回っている。

んな "人気者" だとアピールしたい

　ホームセンターの棚を見ていると、よく「売れてます！」と書かれた "既製品" のPOP（店頭広告）を目にします。ちょっと雑なキャッチコピーだとも思いますが、それでも一定の効果があるのはバンドワゴン効果のおかげです。

　また、最寄り品*の購買では直感的に選択することが多いので、「当店人気ランキングNo.1」のようなランキングを提示すると、「いちばん売れている商品を買っておけば間違い

ない」とお客様は考えてくれます。

＊最寄り品：最寄りの店でこだわりなく買うような、日常的に使用する商品のこと

　有名クラシック作曲家を主人公として描いている、少しマイナーなフランス映画を友人たちと観に行ったときのこと。

　フライヤーには「フランス初登場新作No.1」と書かれていました。これは、「フランスのある1週間内に封切られた初登場作品のなかでは、いちばん観客が多かったです」という、かなり狭い1位です。

　なんとか「人気作品」であることをアピールしたかったのでしょうが、このケースでは映画は良作でしたので、変に順位などにこだわらなくてもいいのではないかと思ってしまいました。

混 んでいる店を選びたい「ハーディング効果」

「ハーディング」は動物などの群れを意味する言葉です。

エドガー・アラン・ポーの小説『群衆の人』には、多くの人のなかにいることを求めてさまよう人が出てきます。

ゆったりした空間で食事したいという人もいる一方で、混雑してごった返しているなら美味しい店なのだろうと考える人も少なくありません。

展示会やイベントなどのブースでも、人だかりができていると寄りたくなるという心理が人にはあります。

ブースが無数に出展している大きな展示会では、自社ブースに立ち寄ってもらうのは至難のワザです。

このとき私が支援企業に提案するのが「誘引の仕掛け」です。

展示ブースで商品のよさや価値を実感できる試用などの体験をしてもらいましょう、という仕掛けです。

「人」は何よりの宣伝POP

試用体験をする来場者はつい夢中になり、ブースでの滞在時間が長くなります。そうなると複数の人が滞留して人だかりができます。

「どのブースに立ち寄ろうか」と考えている来場者にとって、人だかりができているブースは「何か新しい価値や情報を紹介しているのでは」という注目の対象になります。

つまり、「人」は何よりのPOPなのです。

事例で説明した新型iPhoneの発売日のイベント化も「人」をPOPにした例です。新規店舗のオープン時などはちょうど人がたくさん来たタイミングで写真を撮り、X（旧Twitter）などに「たくさんの人に来ていただき感謝です」などのテキストと一緒に投稿すると、見た人は（すごい人気！これなら私も行きたい）と思ってくれるものなのです。

　人気商品であることを「ベストセラー」「売上ナンバーワン」といった表現で強調したり、流行しているトピックやニュース、キーワードを使ってSNS投稿やコンテンツ作成をおこなうケースもよく見かけます。

　トレンドのテーマを活用してハッシュタグ発信などをすることでインプレッション（表示回数）を上げ、話題性に便乗しようとする施策です。それを見たお客様は、とにかく売れていて流行っている人気商品を買っておけば、失敗しないだろうと考えるわけです。

「バンドワゴン効果」の実践テクニック

▶ 人気があり、売れていることをアピールして
　安心して買ってもらう
▶ 売上実績を数値で伝えるPOPを設置する
▶ 行列を意識的にアピールする
　（例）
　　● 新規開店のラーメン店が
　　　わざと店内の椅子を少なくして行列を演出する

---

3 ついで買いを狙うなら "心の財布"を意識する

心理会計

定　義

おカネの入手経路や支出目的によって、異なる性質のカテゴリーに分類して支払うなどの現象のこと。

事　例

私の母の葬儀があったとき、喪主を務めた兄。

ふだんはムダ遣いとは無縁な兄が、必要かどうか微妙な分の生花や、会葬お礼の品を余るほど注文していた。

さらに衝撃を受けたのが、戒名代として菩提寺にポンっと100万円も支払ったことだった。

 カネにも「色」がついている？

人は「おカネ（収入）」のタイプ（例：働いて得た給料、ギャンブルで勝ったあぶく銭、相続でもらった遺産、クレジット購入、還元ポイントなど）によって、それぞれを異なる価値観で捉えるとされています。

支出のタイプによっても支払いの仕方が変わってきます。これを、「心理会計（メンタル・アカウンティング）」と呼びます。

私の父も、「おカネの使い道には生きたものと死んだものがある」と申していました。この点葬儀とは、一生の決算で

あり、世間体もあって、カネ惜しみが馴染まない場であると
兄は判断したのでしょう。

追加注文は買物を終えたあと突然に

ハンバーガーショップの注文を終えて心がゆるんだ瞬間に
「ご一緒にポテトもいかがですか♪」のひと声をかけられて、
つい「はい」と答えてしまったことはありませんか。

あるバイト経験者さんは、ブログに「声かけすると2人に
1人は買ってくれる」と書いていました。

このひと言の声かけで年間、何億円もの売上が追加されて
いるのかと想像するとくらくらしてしまいます。

人は予定していた買物を終えた直後に、緊張から解放され
て注意力が散漫となり、警戒心が弱くなることで、無意識に

購入のハードルが下がることがあります。

　この心理作用を「テンション・リダクション効果」と呼びます。平たくいうと「あれこれ悩んで購入を決断した直後は、財布のヒモがゆるんじゃう」のであり、追加注文獲得の絶好のチャンスなのです。

　例えば、近年高騰しているガソリンをスタンドで給油したあとに、比較的安価な洗車サービスやカーケア商品を提案すると、受け入れてくれるお客様が多いことがわかっています。来店客は給油という主目的を達成したあとの、集中力が途切れた状態にあり、追加サービスを受け入れやすいわけです。追加購入を促進するうえで効果的な、アップセル（単価向上）のテクニックであるといえます。

くに高額な買物では別会計が発動

　大きな買物の決断後、人は小額の追加支出に対して寛容になります。

　例えば、住宅を購入したときの高級ソファ、クルマを買ったときの清掃キット、結婚式の生花に5万円など、ふだんとは感覚がかなりズレてしまうことがあります。

　これをクロスセル（関連販売）に生かすことで追加購入を促しやすくなるのです。

　また、お父さんが思い切って5,000万円のマンションを購入したとします。

　そんな大きな出費をしたあとでは、何かをねだっても買っ

てもらえないと考えがちではないでしょうか。

　むしろ、そのタイミングだからこそ、ゲーム機やマウンテンバイクを買ってもらいやすかったりします。

追加注文のタイミングをつくるには……

・高額な家電製品購入後に、
　比較的安価な付属品や保証サービスを提案する
・自動車購入の契約後、
　比較的安価なオプションパーツやサービスを提案する
・高級レストランでメインコースを注文したあとに、
　高級ワインをすすめる
・パッケージ旅行購入後に、
　比較的安価なオプショナルツアーや保険を提案する
・ドレス購入後に、
　「このブローチ（バニティバッグ）がこのドレスには
　とても似合う」とすすめる

買 物カゴがいっぱいのときの心理とは

　スーパーやコンビニで、必要な商品を買物カゴに入れてレジ前にたどりつくと、チョコレートやグミ、和菓子*などが置かれています。あれこれ買物を終えた段階で節約の気持ちがうすれていることもあり、つい追加で衝動買い（ついで買い）をしてしまう人も少なくありません。あなたも経験があるのではないでしょうか。

*コンビニの重要客は高齢者

一方、純粋なクロスセルとしては、スーパーの冷凍ピザコーナーの手前にコーラを並べたり、肌ケア商品の近くにストッキングの棚をつくったり*、家電やPCの隣に周辺機器を置くなどが考えられます。

*肌ケアをする人はヒザやかかとの皮ふがひび割れていて、ストッキングが伝線して困っている可能性があるため

　意外な関連販売の商材としては「ビールと紙おむつ」があります。これはユーザーの世代が重なっているためです。

当たり前の声がけで客単価が変わる

　居酒屋のような飲食店でも、客単価を上げる追加注文のとり方があります。

　料理を頼んだ2人組のお客様に対して「1人前でよろしいですか？」と言うと、一定の割合で「じゃ2人前にしてください」という反応が返ってきます。

　反対に2人前を頼んだお客様に「このお料理はお2人だとちょっと多いかもしれません」とアドバイスすると良心的だと受けとられ、「いいお店だからまた来よう」となります。

　また、注文に迷っているお客様には「お刺身の盛り合わせですとおトクになっています」と利幅の多いメニューに誘導すると、「では、それを！」ということになり、「選択」から解放されたということで感謝までされるでしょう。

　スーパーなどでも「レジ袋は［大］でよろしいですか？」という確認の声がけをよく聞く気がします。

情 報集中で買物脳をつくる「グルーエン効果」

大型のショッピングモールなどで、ガヤガヤしていて情報量の多い環境に置かれると、衝動買いしやすい心理になることをグルーエン効果と呼びます。

多くの商業施設では、人を「買物モード」に切り替え、脳がショッピングをするような状態になるよう、さまざまな仕掛けを施しています。

セール開催や人気商品が入荷したというアナウンス、人気タレントを起用したポスター、行列など脳が混乱するさまざまな情報が送り込まれ、気づいたときには予定外の商品も購入していた、となるのです。

ドン・キホーテのジャングル展示なども、買物脳を発動させる仕掛けであるといえるでしょう。

「心理会計」の実践テクニック

▶「ご一緒に〇〇〇もいかがですか？」と追加注文をすすめる

▶ レジ周辺についで買いしやすい関連商品を置く

▶ 同じ属性のお客様が購入する商品を近くに陳列する

▶ 高額商品の注文後にはオプション品を必ずすすめる

信頼されたいなら マイナス情報を伝える

両面提示の原理

定　義

ポジティブな情報だけでなく、ネガティブな情報もあわせて提供することで信頼性が高まる現象を指す。「免疫効果」とも呼ばれる。

事　例

　電子レンジの買い替えを考えていたとき、量販店で次のような商品説明を受けた。

「このオーブンレンジは過熱水蒸気式でヘルシー調理ができる最新機種で、自動メニューから石窯風の仕上げもカンタン、時短調理で電気代も省エネ、コンパクトなのに庫内は広びろ、いまなら2,000円のレシピブックがついています……」

　ここまでいい話ばかりだと、逆に首をひねってしまった。結局、別の量販店で他メーカーの製品を購入した。

「ウマい話にはウラがある」

　消費者は、「ウマい話にはウラがある」と考える傾向があります。

　電子レンジの説明を聞いたときも、最初に「この機種は価格が高いのですが、とても売れています。というのも……」という前振りの説明があったら真剣に検討していたかもしれ

ません。

　一般的にも「この冷蔵庫はやや消費電力が高めですが、そのおかげで保冷力が高く、食材が長持ちします」とか、「こちらのプランは他社より少し高いですが、万一のときにもアフターケアが充実しており結局は安心です」と言われるほうが納得がいきます。

ちらにしても欠点は隠せない時代

　自社や自分にとって都合のわるいところは隠しておきたいのが人情です。うまくすればお客様は気づかずに買物を終えるかもしれません。しかし、欠点やデメリットもあえて伝えるからこそ信頼されるのです。「正直に話してくれている」という印象を与え、前後の話も確かなものとして受け止められ、のちのクレームを防ぐこともできます。

SNSが影響力を持ついま、大手企業でなくても包み隠さずに共有することが得策です。そうでなければお客様は「詐欺にあった」、と投稿するかもしれません。

ポジティブな情報だけでなく、ネガティブな情報もあわせて提供する、両面提示の効果が高まる条件としては、とうぜんのことながらデメリット（ネガティブな情報）が重大すぎないことが必要です。

デメリットのあとに、それを補う十分なメリットが提示できれば説得しやすくなりますが、商品のタイプによって、その順番は異なります。

「人気商品」であれば、先にポジティブ情報、あとでネガティブ情報の順番で。

これに対して、コモディティなど「関心が高くない商品」は、先にネガティブ情報、あとでポジティブ情報の順番とすることがコツです。

素直に負けを認める人にはやさしい「アンダードッグ効果」

以前、ある大学生協がプリンの発注数を2ケタ間違え、4,000個も届いてしまうという騒動がありました。

同店舗ではすぐに「たいへんな発注ミスをしてしまいました」と、誤発注を認めたうえで助けを求める張り紙を掲示、それを知った学生らがXで呼びかけた投稿が拡散して、結局は完売するという"事件"がありました。

失敗や弱みを抱える人を応援したいと考えるのは、とくに

日本人に強く見られる心の動きでしょう。

　格闘技なら体の小さなほうを応援してしまい、また劣勢の
ボクサーや力士に声援を送ってしまうという人も少なくない
のではないでしょうか。

　完璧なものより未成熟を愛するという傾向もあり、アイド
ルは整いすぎた顔立ちよりも、愛嬌のある顔立ちのほうが国
民的人気をつかみやすいのではないかと思います。

　こうした背景から、あえて弱点や手の内を明かすことで、
同情されたり、信頼を勝ち得て買ってもらうということも起
こり得るというわけです。

「両面提示の原理」の実践テクニック

▶ 商品の欠点を隠さずに正直に伝える。

▶ セールストークでは「この商品の欠点は〇〇なんで
　す。でも……」とマイナス面を伝える

▶ 商品のタイプごとに両面提示の順番に注意する
　（例）
　　● 「性能を考えたらお買い得ですが、価格は高めで
　　　す。」（人気商品）
　　● 「△△△というデメリットはあるけれど、
　　　〇〇〇がよいのです」（関心の高くない商品）

▶ ウェブサイトなどの商品レビュー掲載ページでは、ポ
　ジティブレビューとネガティブレビューをバランスよ
　く記載する

---

5 リピーターを育てるには ソンをしたくないと思わせる

サンクコスト効果

定 義

すでに支払ってしまったコストを惜しんで、さらに損失を重ねてしまう非合理的な心理状態のこと。

事 例

「デアゴスティーニ」は、模型パーツなどを分冊で刊行する雑誌社。コンプリートしたい読者の「途中でやめるのは惜しい」という心理を利用して、組立てロボットや鉄道模型など多くの人気シリーズを生んでいる。

過去の出費が貯金に思えると離れられない

デアゴスティーニなどの分冊ものは、お試し価格になっている第1号を軽い気持ちでうっかり買いはじめてしまうと、完成させたい一心で合計金額では高額になる商品を、購入しつづけてしまいます。

1冊あたりは少額なので心理的なハードルも低く、継続的に買うことができます。そして、途中でやめるとそれまでに購入した過去の号（部品？）の費用と時間がムダになり、手元に残るのは未完成のもの……という心理がはたらき、買いつづけてしまうのです。

　ゲームなどで課金してそろえたアイテムや育てたキャラクターがあると、それがもったいなくてやめられず、さらに課金を重ねてしまったことはありませんか？　それも「サンクコスト効果」です。

　カプセルトイやギャンブルも同様で、「ここまで来たら希望のアイテムが出るまでやってやる」というスイッチが入ってしまう人がいますし、競馬やパチンコで過去の負けを取り返そうとしてしまうのも、この効果がはたらいています。

結 局は元がとれない設定になっている？

　食べ放題で料金の元をとろうと食べすぎてしまい、おなかをこわす人もいます。食べ放題はふつうの食欲では元がとれ

ないような料金体系になっており、自分がほどよく満腹になればなんの損もないのです。

　Amazonのプライム会員料金も近いものがあります。会費を支払うことで送料無料となっているため、買物の回数が多くなると"元をとった"ような気がします。

　そのため、送料がかかるヨソの通販サイトではできるだけ買物をしないように意識することにつながり、さらにはAmazonプライム・ビデオで追加料金なしで映画などを楽しめることもウリにしています。

　Amazonにとってはあらゆる角度からお客様の理想的な囲い込みが成立しているのです。

　コストコのエグゼクティブ・ゴールドスター会員は9,900円の年会費を支払いますが（ゴールドスター会員は4,840円／ともに2025年3月現在）、ポイント還元やステイタス、割引率などを考えると一見高く思えるこの金額設定は、絶妙といっていいでしょう。会員としては、なんとしてもこの会費を「回収」しなくてはなりません。それは、つまり、より多くの買物をするということなのです……！

利益を得るよりも損失を回避したい 「損失回避の法則」

　私が通販サイトで買物をするタイミングの一つが、ポイントに関するお知らせメールです。

　「今月末で〇〇ポイントが失効します」や「あと〇〇回の

ショッピングでシルバークラス」とのメールを受信すると、つい買物をしてしまうのです。

300円相当くらいのポイントが失効してしまうのが惜しくて、結局は2,000円くらいの買物をしてしまったこともあります。

「必要な買物だったから、これでいいのだ」と自分に言い聞かせてみるのですが、なんとなく術中にはまった気もします。

スターバックスでも「スターバックス・リワード」というポイントプログラムがあり、有効期限を設けることで結果的に顧客の来店頻度を高めることに成功しています。

そのほか、期間限定セールなども、これにあてはまります。

ポ イントを貯める喜びが生まれてしまう

ポイントやスタンプを貯めれば貯めるほど励みになり、買物や来店が促進されることを「目標勾配効果」といいます。こうしたポイントプログラムには、ポイントが貯まって前進を実感させることで、ゴールに向かうモチベーションが高まる「エンダウド・プログレス効果」も隠れています。

ある通販サイトでは、買物の回数ごとにブロンズ、シルバー、ゴールドと称号が高まっていき、ユーザーの達成感を刺激しています。

人は得をする話を聞くよりも、「いまあなたはソンをして

いますよ！」とささやかれるほうが、強く反応してしまう性質があります。つまり利益を得ることよりも、損失をさけることに人びとは敏感なのです。

これは、あとで述べる「プロスペクト理論」（※139、174、196ページを参照のこと）によっても裏付けられている心理的傾向です。

こうした"損失"を強く意識させることで、なかなか行動しようとしない顧客に対して、はたらきかけをおこなうことができます。

例えば来店や購入ごとにスタンプが貯まり、10個でコーヒー1杯がもらえるカードの場合、すでにスタンプが1つ押してあるカードを渡すことがあります。

これを、スタンプを12個集めるとコーヒー1杯がもらえることにして、すでにスタンプが3つ押してあるカードを渡すと、同じ数のスタンプを集めてコーヒー1杯がもらえるにもかかわらず、心理的にはよりサンクコスト効果がはたらき、来店のインセンティブが高まるのです。

「買わないとソン」だと思わせる商品設計

宝島社のファッション雑誌『Sweet』は、後発にもかかわらず一時期は大人向け女性雑誌のなかで売上1位を記録していました。その要因は、毎号の付録のクオリティが高いことでした。付録が、雑誌の販売価格よりも高いのではないかと思わせるブランドもののバッグや化粧品、ヘアケアグッズなどが人気をあと押ししたのです。

販売価格がバグっているため、「買わないとソン」だとして機会損失をイメージさせる効果が生まれたのです。

お　カネだけでなく時間も「コスト」です

　サンクコスト効果の「コスト」は時間の場合もあるのは、プロローグでも述べた通りです。

　時間をかけた企画やプロジェクト、取引交渉は利益が出ないとわかったあとでも、なかなか捨てづらいものです。

　また、映画館に入って観た映画がつまらなくても最後まで観てしまうのも同様です。

　本当はさっさと切り上げて、その時間にできるいろいろなことをしたほうが得なのですが「ここで見なくなったら損」との意識がより強くはたらくわけです。

「サンクコスト効果」「損失回避の法則」の実践テクニック

- ▶ 最初は「お試し価格」にする
- ▶ 「回収」したくなる、会員料金を設定する
- ▶ ポイントの使い残しで口説く
- ▶ 「あと〇〇ポイントで割引券が発行されます」と伝える
- ▶ スタンプカードは、あらかじめスタンプを3つ押しておく
- ▶ 商品を購入しないことで生じる損失を強調する
- ▶ 「期間限定」「数量限定」「このチャンスを逃すと……」などの表現で購買意欲を刺激する

6 反応率を高めるには「自分ごと」ととらえてもらう

カクテルパーティ効果

定 義

パーティ会場のような騒がしい場所でも、自分が興味や関心のあることは、聞き取れるという脳のはたらき。

事 例

　私の事務所のポストにはダイレクトメールや請求書などが何十通と届く。そのなかでも展示会の開催案内は、すぐに目にとまる。というのも、私は展示会の専門家として中小企業の出展支援をおこなっているから。
　自分が把握したい情報は、その他多数とは別物なのだ。

り込めば反応がとりやすくなる

　本効果は、パーティのような喧騒のなかでも自分の名前を呼ばれたら反応できる、ということが由来となっています。

　家族の買物に付き合わされて出かけたショッピングモールで、ざわざわとうるさい環境でも、自分が興味のあるショップのセール情報のアナウンスは耳に届く。

　子供連れのお父さん、お母さんなら、遠くから我が子の声が「パパー」や「ママー」とかすかに聞こえただけでも「えっ?」と振り返ることができる。

　これは店内放送や音声で届ける情報に限りません。ウェブ

やフライヤーなどの販促ツールでも同じです。自分が興味や関心のある内容であれば、対象者に届きやすくなります。

　つまり、ターゲットを絞り込んでの呼びかけや、お悩み・課題を明確に打ち出すことができれば、ちゃんと反応してもらえるということです。

　漫然と聞き流されているであろうラジオCMでも、その内容が自分に関係する事柄であればしっかり聞いてしまうものなのです。

視点を変えて「矢印」の向きをお客様にする

　またターゲットへの呼びかけを「お客様を主役」に置き換えて考え、機能性のみならず、その機能・特長によって、生活がどう変わるかを伝えるのも効果的です。

例えば、ウォーターサーバーを販売するとき、「レバーひとつで冷水温水が出てきて、温度はこうで、デザインも評価が高く……」ではなく「朝、冷水を飲みたいときありますよね」「急な来客でもお茶がすぐ出せます」「お子さんが自分でやるのが楽しいようで……」とセールストークする。

　つまり矢印の向き（主語）を変えるだけでいいのです。商品を主役にするか、お客様を主役にするかで、お客様への届き方はまったく違ってきます。
　これも絞り込みの一つといえます。

　「どんな業種も引き受けます」「なんでもお任せください」というメッセージを発信している企業はたくさんあります。
　たしかに取引先がなんでも対応してくれるのは安心につながりますが、最初の出会いはそうとは限りません。
　何かユニークなニーズを満たすニッチな部分やトンガリを持って強調するからこそ、検索に引っかかりやすくなりお客様に発見してもらえやすくなるのです。

り込んで発信するから選ばれる

　そのためには絞り込んだユーザーに向けて発信することが有効です。何かの課題に困って検索したとき、ユニークなウリに特化したウェブページやSEO対策をしていることで、お客様の目にとまります。「この商品は私のためにあるのだ」となり、出会いにつながるのです。絞り込むことで選ばれるというわけです。

一方で絞り込みを厳格に実行するだけではなく、誰にでも当てはまるように発信するやり方もあります。

　例えば運動不足や太りすぎなどは、多くの人に当てはまる課題です。日本人の過半数の人が不眠を訴えているというデータもあります。そのため、「年齢より若く見られたいあなたへ」「健康にやせたい人だけ」といった表現は、「まさに自分のことだ」と多数の人が感じるはずです。これは昔から占いなどに使われる「バーナム効果」と呼ばれるもので、誰にも当てはまるような指摘をするやり方です。

「カクテルパーティ効果」の実践テクニック

▶ 狭いニーズに絞り込むと反応率が高まる

▶ ターゲットを絞り込んだメッセージにする

（例）
- 「ダイエットに失敗してしまうあなたに」
- 「〇〇でお困りの方へ」
- 「受験生を抱えているお母様へ」
- 「電気代の高さに驚いている社長さんへ」
- 「いつまでも健康で若くありたい人へ」

▶ お客様を主語（主役）にして考える

7 商品への愛着を高めるには ひと手間残す

イケア効果

定 義

自分が作ったもの、手をかけたものに愛着が生まれ、本来以上の価値を見出す心理現象のこと。

自分で組み立てることを前提に販売される家具チェーン「イケア」のビジネスモデルに基づいている。

事 例

ローソンがクリスマスシーズンに発売した「シンプルショートケーキ6号」は、トッピングのないショートケーキ。お手頃価格で買えるうえ、自由にカスタマイズしてオリジナルのケーキがデコレーションできるとして大好評だった。

手 間を強調するメッセージに変化させる

上記の「シンプルショートケーキ」は、販売側の手抜きとも、材料費高騰を受けたものとも見ることができますが、近年の風潮にぴったりな商品企画だと思います。

いまや各人の好みやアレルギーなどさまざまな事情を考慮しなくてはなりませんし、家族の好みを反映したトッピングを楽しめるという価値もあります。

SNSにも自分メイドの「デコ作品」を投稿する人たちがいて盛り上がっていました。

Ikea Effect

　かなりの拡散効果もあったことでしょう。

　プラモデルやクラフト系の商品などは完成品ではなく、"工作キット"だからこそ価値があり、組み立てコストがかからないうえに喜ばれるといえます。

　イケア効果を知るのにもっとも適しているのは、森永製菓の「ホットケーキミックス」でしょう。

　1957年の発売当時のウリは「憧れのホットケーキが家でつくれる」でしたが、その後はカンタンにホットケーキが焼けるというのがウリになりました。

　ところが、コロナウイルス感染症が流行し、自宅待機をせざるを得なくなったときには「家族でパンケーキを焼く時間を楽しめます」がウリになったのです。

ホットケーキミックスは単に水に溶かして焼けばいいのではなく、卵と牛乳を別に用意することがほとんどでしょう。

ウリの移り変わりはあるにせよ、ひと手間かけなくてはならないめんどうさが、逆に買いたくなったり、価値を感じたりするありがたみはいつの時代にも共通しているわけです。

他にも同様の人気商品としては、フジパンの「おうちで焼きたてパリパリ クロワッサン」シリーズや、フルーツなどを乾燥させて楽しむ「ドライフードメーカー」などがあります。

手 抜きではない「アリバイ」を証言してあげる

さらに、単純な手抜きだけでは後ろめたいのか、ひと手間をかける「アリバイ」が購買意欲をくすぐるようです。

それは食器洗い機の広告戦略にも反映されています。

発売当初の訴求点は「家事の手間が省ける」というものでしたが、お客様の反応が思わしくなかったといいます。

そこでメーカーは「できた時間で家族やお子様と過ごせます」と訴求点を変更したところ、とたんに売れ行きがよくなったのです。

また、思い通りにならない「不便さ」（ひと手間）を強いることで話題を集めた例として、ピーチアビエーション社の"行き先が選べない"「旅くじ」があります。

引いたくじによって行き先が決まるため、自分が今まで予想もしてみなかった、旅先での出会いや体験がもたらされるメリットがあるわけです。

 **手** で触れるだけでも価値が高まる「保有効果」

ウィスコンシン大学教授のジョアン・ペックが、マグカップの価値を決めてもらう実験をしたときのことです。

Aグループには、マグカップを眺めるだけで触らせず、「いくらの値段をつけるか」と訊くと、回答の平均は3.16ドルでした。

Bグループには、十分にマグカップを触らせてから値段を訊くと、Aグループより20セント高い平均3.36ドルという回答になりました。

つまり、ちょっと触らせるだけのひと手間でマグカップの価値が高まったのです。

マグカップのような身近なものであっても、いったん触わってしまうと価値を感じてしまうことがわかります。

体験型ストアを標榜するb8ta（ベータ）は、新商品やスタートアップの製品を展示し、触って体験してもらおうという空間です。

Apple社、SHEIN（シーイン）は、ともに自社商品に触れられるショップ（ショールーム）をつくりました。

ネットで完結できるからこそ、実物に触れたいというニーズがあるのです。実店舗のショールーミング化やオムニチャネル戦略の参考になりそうです。

商品をサンプル提供して一度手にしてもらい、試用体験を

させるという「ひと手間」があると、価値を感じて離せなくなる……。

　あなたの商品が「使ってもらえばよさがわかる」タイプであれば、サンプリングや試用モニターが効果的といえます。

　また「返品無料」にして購入してもらえれば、実際に返品するのはめんどうなので、よほどの不満がないかぎりそのままユーザーとなってくれるでしょう。

　大画面テレビなども、最初は「大きすぎる」と思っていてもすぐに慣れてしまい、手放しがたくなります。

　そして、一度慣れてしまえば大画面テレビがなくなった部屋は、何だか殺風景に思えてしまいます。

　そのため、モニターとして商品を試用したことで購入したくなったり、サンプルをもらったことをきっかけにユーザーになったりするわけです。

　Netflixやディズニープラスなどのような動画配信サービスでは、初月無料トライアルを提供しているところがほとんどです。

　これなども、一度、視聴したらやめられなくなるという自信があってのことでしょう。

　さらに、こうしたサービスにとっていちばんのハードルはクレジットカードを登録して申し込む段階です。無料体験を前提にそれをもクリアできてしまうのは、あらゆる意味で非常に効果的なやり方だといえます。

「イケア効果」の実践テクニック

▶ 購入後、ひと手間かけなければならない商品にする

▶ 自分で選べない要素を残す

▶ 入手に努力が必要な売り方にする

▶ サンプルや試供品を手にしてもらう

▶ 初月の利用料を無料にする

▶「返品無料」のオファーをする

8 定番にしたいなら初期設定を工夫する

デフォルト効果

定　義

選択肢があっても変更するインセンティブがなかったり、めんどうな場合に初期設定（デフォルト）のままにすることが多い現象のこと。

事　例

　ある金融機関では、新NISAの受け皿としてクレジットカード決済での投資信託積立をすると5%のポイントがもらえていた。

　しかし条件が変更となり、なかにはポイント付与が1%になってしまった契約者もいるが、一度、積立購入の設定をしてしまうと、なかなか変更へと踏み切れないようで、目立った契約者減はないという。

望ましい選択肢へとお客様を誘導する

　スマホの機種変更をするとき、「こちらのおトクなプランにはこれこれのオプションがついていますが、あとで解除していただいてかまいませんので」と言われることがあります。

　オプションの業者は、解除されることを承知の上でキャリアに奨励金や広告料を支払っているわけです。それでもビジ

Default Effect

ネスとして成立するのは、オプションを解除し忘れる人が一定数以上いるからでしょう。

　フランスでは、臓器提供カードの初期設定を「臓器提供する」にしておくことで、ドナー候補者が激増したという事例もあります。

　それまでは、自身で「臓器提供する」を選択するアクションを起こす必要がありました。

　つまり、「提供してもかまわないけれど、チェックをする行動がめんどうだ」という人が多くいたということになります。

　人は疲れているときほど初期設定のままにしてしまいがちだといえます。

　そこで、選択肢を提示する際に、こちらにとって望ましい

オプションを初期設定とすることで、お客様の選択を誘導できる可能性があります。

同様に、自動車ディーラーの店頭では、業者側にとって有利な自動車保険の契約が初期設定になっているのかもしれません。

10 円でリモコンに"看板"を設置する

Yahoo!ではアカウントをつくると、さまざまなメールマガジンが送られてくるような初期設定になっています。

ユーザーはこれを一つひとつ解除して、必要なメールだけにしていくわけですが、なかにはめんどうなのでそのまま、すべてを受け入れているという人もいるでしょう。

パソコンを購入したとき、Windows系PCであればウェブブラウザやメールソフトなどは、とうぜんのことながらマイクロソフト社製品が立ち上がるようになっています。

これが、あまりあからさまだと公正取引委員会から是正勧告を受けたりします。それほど初期設定の威力は絶大なのだといえます。

また、テレビを買ったときには、リモコンに「Netflix」の選択ボタンが付いています。

これはNetflixが日本に上陸する際、リモコン製造コストの10%ほど（1台につき10円）を負担することと引き換えにボタンを設置してもらう作戦をとったためです。

このボタンをきっかけにNetflixに加入したというユーザ

ーも少なくないでしょう。

　Amazonの「ワンクリック購入」システムも、購入の手続き障壁を下げたことで売上を大幅に増加させました。

　一度、獲得したお客様を維持する戦略としても、継続利用の利点を強調したりスイッチングコストを高めるなどして、現状維持バイアスを活用することで、お客様を蓄積したり通販サイトでのお客様を増やすことができるのです。

「デフォルト効果」の実践テクニック

▶ あらかじめオプション申し込みの設定にする
▶ サブスクリプションを自動更新の設定にする
▶ おすすめプランを目立つように提示する
▶ メルマガを受け取る初期設定にする
▶ 変更解約手続きを複雑にする

商品価値を高めたいなら希少価値を意識する

希少性の法則

定　義

入手困難なもの、希少なものに価値を感じる心理的な現象。「スカーシティ効果」ともいう。

事　例

　米国に進出したばかりの頃のセイコーは、「売れ残りは返品」の条件で、なんとか時計を百貨店に少しずつ置いてもらうことができた。

　ところが、数ヵ月ごとの返品のたびに、商品が売場からなくなる様子を見て「この時計はすぐに売り切れてしまう、早く買わなければ」とカン違いしたお客様に買われるようになり、ブランド価値を築いていくことができた。

希 少性・限定性は何よりの価値

　人は、手に入りにくいものや期間限定のものを特別視し、価値を感じる傾向があります。そのため、商品の希少性や限定性を強調する表現でお客様の独占欲を刺激すると、購買意欲を高めることができます。

　フグや松茸が高価なのは美味しいからだけではなく、漁獲（収穫）量が少ないからでしょう。また、金（ゴールド）が通貨発行の根拠とされてきたのも、トータルの埋蔵量が限ら

Law of Scarcity

れているという、希少性からにほかなりません。

が持っていないものが欲しい「スノッブ効果」

　かつてポルシェは「911スピードスター」というモデルを全世界で356台限定で発売。車両価格は3,000万円以上であるのにもかかわらず、あっという間に完売しました。

　人と同じものは欲しくないと感じるスノッブ効果は、とくに服飾や宝飾ブランドで強くはたらき、なかには「一点ものしか買わない！」という人もいます。

　手のこんだ製造個数が少ない工芸品や、30点のみ刷られたリトグラフ（版画）などは、とうぜん希少価値が生まれます。単価は高くなりますし、将来は価格が高騰する投資対象にもなりえます。

また、ラグジュアリー・ブランドでは、限定モデルや期間限定販売を強調することでお客様の購買意欲を高め、ブランド価値を向上させる施策を戦略的におこなっています。

　さらには「会員限定サービス」や購入権などで特別なお客様として扱われる優越感を与えたり、本店でしか手に入らない「プレミアムモデル」を販売することで、お客様の意欲を刺激するとともに、囲い込みにもつなげようとしています。

希 少性はスモールビジネスの武器になる

　「希少性・限定性」は高額商品にのみ当てはまるわけではありません。

　テレビ通販では、雑貨やパーソナル家電のような商品でも必ず個数限定を強調しています。これは個数限定をしたほうが、明らかに売れ行きがよいためです。

　複製可能な動画コンテンツでさえ、視聴期間を限定したり、一定ロット数しか入手できない特典映像を付録とすることで、ユーザーに緊急性や特別感を与えて購買の即断を促そうとします。

　また、とある旅行会社の予約システムでは、希少性と社会的証明を利用し、「あと3部屋」「今週20人が予約」などの表示で予約を促進しています。

　そして、希少性や限定性は、小規模ビジネスにとって武器になるものだともいえます。

　大手企業が大量生産で材料コストを下げ、手頃な価格を実現しているのに対し、小規模ビジネスは大量生産できないか

らこそのユニークな希少性や限定性「旬のいまだけ」「名産地のここだけ」を強調して、購買意欲を高めるべきでしょう。

飢餓商法と思われては元も子もない

以前、わざと出荷量を抑えて希少性を演出しようとした焼酎の蔵元が、炎上したことがありました。

また、ある大手飲料メーカーは店頭で品切れを起こして販売中止になる商品が多いため、「飢餓商法」ではないかとSNSでたびたび叩かれています。しかしこれは濡れ衣で、同社の営業責任者が上層部へのプレゼンに失敗して、生産量を抑えられたために起こることなのです。

そもそも販売中止になれば、流通など関係各所にお詫び行脚しなければなりませんし、契約内容によってはペナルティを要求されます。一定期間とはいえ、人気商材を販売できないわけですから、メーカーにとっても得はありません。

「希少性の法則」の実践テクニック

▶ 数量や期間限定などのプレミアムモデルを企画する

▶ 小規模ビジネスはもともと生産量・販売量が少ないのでこれをアピールする

▶「残りわずか！」「お早めに！」「先着100名様限定の特別プレゼントあります」などのフレーズを使う

10 潜在意識へ訴求するなら五感を刺激する

プライミング効果

定　義

事前に受けた色や匂い（香り）、音楽などの刺激（プライマー）が、判断や行動に影響を与える現象のこと。

事　例

あるワインショップで、買物に対する音楽の影響度について2週間にわたる調査がおこなわれた。

店内BGMに典型的なフランス音楽を流したときはフランスワインが多く売れ、反対にドイツ音楽を流すとドイツワインの売れ行きがフランスワインを上回る、という結果になった（エイドリアン・C・ノースらの調査による）。

音も強力なPOPになる

店内音楽は来店客の無意識にはたらきかけ、その行動に影響を与えます。

アメリカ・ウエスタン・ケンタッキー大学などに所属していたロナルド・ミリマン教授の実験によると、店内BGMのテンポがゆっくりなときは来店客の滞在時間が伸び、速くしたときは短くなるという結果になったといいます。

滞在時間によって売上も変わるそうです。

　またスーパーマーケットやディスカウントストアのように低価格をウリにしている店舗では、高級感や重厚なイメージのクラシック音楽はかかりません。

　価格が安いと感じてもらえるように、BGMもわざとチープなテイストの楽曲にしているのです。

　匂い（香り）についても、街を歩いていたら香ばしい鰻のかば焼きの匂いがしてきたので、つい鰻の"口"になってしまい、その日は贅沢をして鰻を食べてしまった、というのは私の経験です。

　あるバラエティ番組では、「芸人がテレビ局で打ち合わせをしているときにカレーの強烈な匂いがしてきたら、帰りにカレー店に寄るか？」という検証をしていました。

　結果は、ほとんどの芸人さんがカレー店に行っていました。

つまり、"匂い"もまたPOPの役割を果たしているのです。

また、スーパーの店内で試食販売をしているときがありますが、これも匂いによって引き寄せられ、試食させてもらったことに対する返報性（※74ページを参照のこと）でお客様が買ってしまう、という流れを狙っています。

が発信する情報も活用する

色の影響力についても同様のことがいえます。

買い物をする際、実に8割以上の人が色を元にして判断をしていたという調査結果もありますし、「はじめに」でも触れた購入ボタンの話は、色彩心理学では定説です。

また興味深い事例として、ミネラルウォーターにエコのイメージを足すために、ラベルの色味にグリーンを増やした結果、「爽やかさが失われた」と感じたユーザーが敬遠し、販売量が低下したという大手飲料メーカーの失敗もありました。

激で感情も変化する

テレビCMやネット上の動画広告で流れる映像も、意識的にシズル*表現を組み込んでいます。

映像を見たことで欲求が揺り起こされ、フライドチキンやピザが食べたくなったりするのです。

*シズルとは肉の焼けるジュージューという擬音が元となった言葉で、商品の魅力を感覚的に訴求する表現を指す

日中に仕事をこなし、刺激を受けて疲れたときは甘いものが欲しくなったりしませんか。

　つまり、甘いものは夕方以降に売るべき、ということになります。朝方は冷静なのですが、脳が疲れてくると人は直感で物事を決めるようになる傾向があるのです。

　これは食品に限った話ではありません。感情の刺激によって購買意欲が高まるケースはほかにも多々あるのです。

「プライミング効果」の実践テクニック

▶ 音、匂い、色によって購買意向に影響を与えられないか検討する

▶ 滞在時間が長いと売上が上がるならスローなBGM、回転率を高めたい業態ならアップテンポなBGMを流す

▶ 商品の価格にBGMのイメージも合わせる

▶ ウェブ広告の表現を日中は情報提供型、夜は衝動買い誘発型に変える

11 優良顧客を育てるなら えこひいきする

返報性の原理

定　義

相手から何らかの好意や親切を受けたときにお返しをしないと、申し訳ないという気持ちになる心理効果のこと。

事　例

以前、支援先の企業が展示会ブースの来場者に対して、無料で「自社ビルの省エネ試算サービス」を提供した。

後日、サービス提供を受けた会社へアポなしで営業訪問をしたが、イヤな顔をせず快く受け入れてもらえた。

さやかな「恩」でもお返しを狙える？

人は、親切にしてもらったり何かをもらったりすると、お返しをしなければ気が済まなくなる──これが返報性の原理です。

これは、ティッシュや洗剤のようなささやかなノベルティグッズをプレゼントされたり、試食や試着、説明や対応に時間をかけてくれた店員さんに対する感謝などを、そのままにしておきたくないという心理です。

SNSで「いいね！」をしてくれた人に自分も「いいね！」

を返したことはありませんか。

　また、自己開示してくれた話し相手に対して、自分も秘密を打ち明けてしまうのも、返報性の原理に沿ったものです。

譲 歩することでも期待できる

　かつては接待してくれた下請け会社に発注を決める、という露骨なやり方もありました。

　いまは、営業訪問のときに有用な新情報をもたらしてくれたり、役に立つソリューションの提案をしてくれるほうが喜ばれ、返報が期待できる時代であるといえるでしょう。

　業界の最新情報ばかりでなくても、自身の失敗談や趣味などもあてはまります。商品を前にして、「私も買いました」「私も使っています」と言うことも効果的です。

　また、商談の最中に、「譲歩する」ことも返報を期待でき

る交渉のテクニックです。

相手が「ここを譲歩してくれたのだから、別のところでは
こちらが譲歩しよう」という気持ちになるからです。

一方で、店舗などでていねいな説明やサービスを受けてし
まうと、自分が商品の購入を断れなくなる性格であることを
知っているので、説明や試着はちょっと……という人もいま
す。

こうした人はネット通販を利用する機会が多いと思います
が、ただ、ネット上にも返報性の原理は生きています。

ェブ上でも返報の機会をつくる

ある分野のノウハウが、ウェブ上に惜しげもなく公開され
ていれば、「この会社は知識のあるスタッフがいるのだろう、
必要なときには発注してもいいかもしれない」と考えてくれ
るでしょう。

これは検索エンジンも同様で、「これは価値のあるサイト
だ」と判断して、検索結果での表示順位を上げてくれるので
す。

私は、書籍にはすべての知見を書いてしまい、出し惜しみ
などはせず、サイト内のブログでも書籍に掲載するのと変わ
らない新しい情報を書いています。結果、それらを読んだ方
がコンサルティングを依頼してくれることがあります。

これも返報性の原理によるところが大きいでしょう。

ブランド愛を高めるという返報を

　自社ブランドへのロイヤリティを高めたいときには、顧客にロゴマークの入った、オリジナルグッズや特典を提供することでブランド愛を高め、ブランド価値向上へとつなげる効果が見込めます。贈り物は、相手の好意をふくらませるもっとも有効な方法なのです。

　そもそもファンや常連さんなどと呼ばれたりする固定客は"えこひいき"するべき対象です。「パレートの法則」では、ビジネスにとって8割の利益をもたらしているのは2割の優良顧客である、と定義されています。

　また、リピーターに追加注文をしてもらうことのほうが容易であり、新規客を獲得するより、大きなコストもかかりません。

　えこひいきされることで「ますます好きになっちゃった！使い続けよう！」などと思われて、返報も期待できます。

　一方で、固定客をやめてしまったお客様を呼び戻すこともカンタンではありません。そのため、固定客層をいかに特別扱いし、ブランド愛を持ってもらうかがとても重要となるのです。

「返報性の原理」の実践テクニック

▶ 無料サンプルや試用期間を提供する

▶ 情報やノウハウは惜しまずに提供する

▶ 固定客を"えこひいき"する

12 競合プレゼンで勝つには 順番を最後にする

新近効果

定　義

最後に提示された情報が、印象や判断に強く影響する心理現象のこと。

事　例

支援先企業がウェブサイトを改訂することになり、3社から提案（プレゼン）を受けた。

オリエンテーションが明確であったためか、3社のプレゼン内容にはほとんど差がなかったが、社長の一声で採用になったのは、最後にプレゼンして新近効果を活かすことができた会社だった。

結局は最後の情報が印象に残りやすい

プレゼンや面接などでは、いちばん最後が有利だとよくいわれます。これを実験で明らかにしたのがアメリカの心理学者であるノーマン・アンダーソンです。

彼は架空の模擬裁判において、弁護側と検察側の主張の順番を入れ替える実験をしました。その結果、陪審員は最後に弁論をおこなった側の主張を正しいと評価する割合が多いことがわかったのです。

つまり、複数社の競合で実施されるプレゼンでの順番は、

可能なら最後がよいですし、プレゼンの構成も最後にピークを持ってくるべきということになります。

また、プレゼンだけでなく、見積もりも最後に出したほうがよいことが多いようです。提出するまでの間、相手の希望を詳細に聞き出したり、先に見積もりを出している会社の条件や前提、内容を聞き出すことができれば、文字通りあと出しジャンケンとなって有利だからです。

新近効果と似ているのが、「ピーク・エンドの法則」です。

これは、クライマックス（ピーク）と結末（エンド）の印象で、全体が評価されるという心理法則です。

典型的なのは映画でしょう。クライマックスとエンディングが面白いかどうかで評価が決まるのです。

第一印象が決め手の初頭効果

一方で、「第一印象が大事」ともよく言われます。

行動経済学では、最初のイメージが強く記憶に残るという心理効果を「初頭効果」と呼びます。

例えば、パワーポイントなどの営業資料を示しながら商談をおこなう場合でも、まずは「聞く耳」をもってもらわなければなりません。そのためには、営業資料の冒頭でインパクトを与えることが重要です。

営業資料の冒頭に、衝撃的な成功事例や理想の効果を置くことで、「本当にそんなことが可能なのか」と身を前に乗り出してもらい、聞く姿勢をつくってもらうのです。

結局はどちらの順番を重視すればいい?

最後の部分やクライマックス、そして冒頭も大事、となると、結局はどこを重視すればいいのか迷ってしまいますが、相手の聞く姿勢に応じて使い分けるようにします。

商談やプレゼンの場合、相手がこちらの商材に興味を持っていて、最後まで話を聞いてくれるのであれば新近効果を活用するべきです。

反対に、こちらの商材に対する関心が薄い場合や忙しい相手であれば、初頭効果を活用するのが得策であるということになります。

また、「いい買物をした」と実感できるよう、商品にあらためてエビデンスなどを解説した印刷物を同封しておくなど、購入後の体験を高めることで、よい印象を残すようにしてリピートやファン化に役立てるという方法もあります。

　不動産やハウスメーカーなら、別の顧客に会わせたり、顧客の声の収集に協力してもらったり、購入直後に「よかったですね、あのあとに値上がりしましたよ」のようなポジティブなフォローを入れるのです。

　とくに高額商品の購入後にお客様は「これでよかったのか」と疑問を持ってしまうこともあります。

　それがひどくなると、キャンセルや返品にもつながりかねません。購入後の体験もしっかりとケアする施策ができれば、クレームやキャンセルを防ぎ、ひいてはリピートや紹介にもつながるのでとても効率がよいといえます。

> ### 「新近効果」の実践テクニック
>
> ▶ プレゼンの順番は最後にしてもらい、印象を強くする
> ▶ 相手の関心が低い場合、プレゼンや商談の冒頭にインパクトを持ってくる
> ▶ 購入後にメッセージを送るなどアフターフォローを充実させる

大切な商談を有利にするには接触回数を増やす

ザイアンス効果

定　義

人やモノ、サービスなどに何度も触れることで警戒心が薄れ、興味や好意を持ちやすくなる心理的な効果。

事　例

　電子機器メーカーであるキーエンスのセールスパーソンが顧客先企業に滞在している時間は長く、そこから担当者の真意であるニーズを引き出したり、一緒に課題解決策を模索したりしているとされる。

　それが奏功して、同社では質の高い提案営業が可能となり、顧客満足度も高い。

接触回数はSNSでも稼げる

　「プロローグ」でも触れたキーエンスの事例では、物理的距離が近いと心理的な距離も近くなるという、「ボッサードの法則」もはたらいています。

　成績のよいセールスパーソンは顧客先に通い詰めて説明する、気に入られて売れる、という手法がかつてはテッパンでした。

　訪問したけれど留守で空振りをしてもめげない――。ムダ足になったとしても、デスクに置かれたメモ付きの名刺は1

Mere Exposure Effect

回分の接触としてカウントされることでしょう。

　しかし、近年は営業訪問を好まないお客様が増えているのも現実です。売り込みや飛び込み営業がお客様に嫌われることはもちろんですが、それを命じられる自社の社員もいやがって離職してしまいます。

　いまはSNSやニュースレター、メール、メルマガなどを「擬似接触」の目的に活用することが有効です。

ビジネス目的でのSNSはこう考える

　投稿内容が派手にバズらなくても、ターゲットユーザーの眼に触れる回数を地道に稼いでいくことが重要です。

　そして、XなどSNSの発信時では人柄が伝わる投稿であることを心がけましょう。

これは、個人ビジネスはもちろん、会社の「中の人」が発信するアカウントでも同様です。

　役に立つ内容であることは重要ですが、ノウハウや情報の投稿3に対して人柄が伝わる投稿が1ぐらいのバランスが、ちょうどよいのです。

NSビジネスアカウントの運用ポイント

　SNSの運用について、気を付けるポイントは以下の通りです。

①目的にあったSNSを選択する

　ただし、Instagramは女性が多いだろうと考えても、統計データを見る限り思ったほどかたよってはいません。総務省などの調査データを参照しましょう。

②継続できるスタッフを置く

　せっかくSNSをはじめても継続できないケースが多くあります。文章入力などに抵抗感のない人に、兼任でもいいので担当してもらいましょう。

③ブランド価値を向上する内容にする

　自社ブランドのトーンや、マーケティング上の目的から外れない内容の投稿を心がけましょう。誤解を招いたり、炎上するような投稿はあってはなりません。

④適切なタイミングで投稿する

例えばBtoBであれば朝の7時、8時台の投稿が効果的であるなど、商材とターゲットによって異なる閲覧タイミングを考慮して投稿するようにしましょう。

⑤話題性のあるコンテンツを提供する

ニュースに便乗したり、時事ネタやトレンドを取り入れた投稿は共感や関心を呼びやすく、バズる可能性を高めます。

重要なのは、ターゲットユーザーを理解し、彼らの心理に訴えかけるようなコンテンツを作成したり、役立つ情報を提供することです。

そうすることで、顧客満足度はさらに高められるというワケです。

「ザイアンス効果」の実践テクニック

▶ 営業先への訪問回数を増やすことで
　好意を持ってもらう
▶ 訪問が嫌われる今はSNSやメールで接触を稼ぐ
▶ 企業アカウントはノウハウや情報3に対して
　人柄が伝わる投稿を1の割合で発信する
▶ ビジネスアカウントはポイントを守って運用する

14 営業活動をスムーズにするには武器を選ぶ

定　義

知覚や判断において、思い込みや事実誤認により判断や思考が制限される心理現象。

営業や商談、プレゼンの現場などさまざまなシーンで発生する。

重 要な商談は夕方に

この項目では「認知バイアス」に基づく、さまざまな行動経済学におけるテクニックを説明していきます。

重要な商談や契約の日には、靴が雨で濡れていたり、流れる汗を拭きながらといった、わずらわしさのない天候の日を選ぶに越したことはないとはいわれていますが、商談の日が天候に恵まれるかは、なかなか難しい話でもあります。

一方で、時間ならば確実です。

実は、お客様に意思決定をしてもらう商談に向いているとされる時間帯があります。

それが、午後イチと夕方です。

午後イチは、ランチを済ませたばかりで血糖値が高くなり、判断力が低下します。また、夕方は一日の疲れや周囲の暗さなどの影響で思考力が鈍ってきます。そのため判断が甘

くなるというわけです。これを黄昏効果といいます。

　また、人の購買意欲がもっとも高まる時間帯は、夕方6時から夜10時の間であるという研究結果もあります。

　まさに夕食時ですが、「同じ釜のメシ」ともいわれるように、食事を共にした相手は印象がよくなる傾向があります。

　これは食事に限らず、コーヒーを一緒に飲むだけでも効果があります。コーヒーの香りでリラックスでき、カフェインで集中力が出るため交渉が進むのです。

衝 動買いとは非計画購買のこと

　衝動買いをしたり、健康によくないとわかっている選択をしてしまうタイミングにも一定の傾向があります。

　思考力低下時間帯である深夜に、テレビ通販やウェブショップを見ていると、あまりアタマがはたらかず、「つい買っ

てしまう」という行動経済学の原則にハマってしまいます。

　日中、検索したりクリックしたりして広告を見ても、その
ときは冷静なので買わないけれど、そこから追いかけてくる
ターゲティング広告などを深夜に見てしまうと、つい購入ボ
タンを押してしまう、という購買行動に至りやすいのです。

成約を引き寄せるには説得より質問する「選択的露出」

　営業は傾聴が大事といいますが、沈黙することで主導権を
握れることもあります。

　商談中にこちらばかりがしゃべりつづけていると、お客様
には警戒心が生まれ、「説得されないように気をつけよう」
「とにかく断ろう」という気持ちになるものです。

　しかし、こちらが質問をしたきり黙っていると、お客様が
不安になってしゃべりはじめ、自分が購入するべき理由を語
りだしたりすることもあります。

　商談時の質問は、自社製品のよさをお客様が再認識するよ
うな事柄を投げかけてください。

　ムリに説得するより、お客様がすでに持っているポジティ
ブな情報を裏付けるデータや事例を共有したり、それらを質
問によって明確にしたりする問答のほうが有効です。

　こうした選択的露出には、お客様が自分で自分を説得する
効果があるのです。

商 談をスムーズにするには魅力的な条件で はじめる「ローボール・テクニック」

これは魅力的な条件を提示して、心理的に受け入れてもらったあとに、他のわるい条件を明かすというやり方です。

人は一度、承諾してしまうと、条件が変化しても拒否しづらいという心理的な反応があります。

ローボール・テクニックの例

● 「半額セール!!」と告知するが……半額なのは一部の商品だけ
● 「飲み放題2,000円！」だが……サービス料・席料別途、飲み放題なのは焼酎と第3のビールなど一部のみ
● 「パソコン19,800円！」だが……Wi-Fi契約が必要

本 命商品へ導くなら小さな商品からはじめる 「フット・イン・ザ・ドア」

こちらは、受け入れやすい小さな要求やお願いからスタートして、あとで本命の要求をする方法です。

例えば、サンプルを配布して気に入ったら購入してもらう、無料のお試し期間により長期の契約へと導くなどが当てはまります。

無料セミナーに招待し、低価格なフロントエンド商品を使ってもらったあとで、高額なバックエンド商品へと移行するというテクニックもあります。

なぜなら人には、行動や態度を一貫させたいという、「一貫性の原理」という心理的傾向があるためです。（※202ページも参照のこと）

チ推し商品を売るなら1度目は断られる「ドア・イン・ザ・フェイス」

大きめの提案やお願いをして、一度断られたあと、それより小さめな本来の提案や買物を受け入れてもらう作戦です。

二つ目に別の提案をすると、どちらも断るのは申し訳ないという気持ちがはたらき、受け入れやすくなるのです。

例えば、500万円もする工作機械のフルセットを売り込み、高額を理由に断られたなら、次に「ではオプションを外した190万円の基本セットではいかがでしょうか？」と提案すると、「それなら買えます！」と契約になるようなことです。

相 手に行動を望むなら言葉にして連呼する「利用可能性ヒューリスティック」

テレビCMで、いやらしくなく商品名を繰り返すアイデアが秀逸な作品をよく見ます。これは、店頭でお客様がどの商品を買おうかと迷ったとき、いちばんに思い浮かべてもらえるように刷り込みをしているわけです。

テレビCMを存分に放映できる会社は多くないと思いますが、実はいろいろな場面で連呼の効果は活用できます。

商談の最中やプレゼン、展示会でのセールストークなどで

も、商品名を繰り返すのは効果的です。

また、商品名やその特長だけでなく、お客様に「こう行動してほしい」と期待する言葉を繰り返すのも効果があります。

例えば「購入」「お買い上げ」「選択」「了承」などです。

米国の調査によると、刑事事件の裁判に際して、法律のプロである裁判官を前に「無罪」という言葉を繰り返すと、無罪判決の率が上がるという結果が出たそうです。

成 約につなげるなら同意のリズムを重ねる「YESの法則」

会話のなかで小さなYESを積み重ね、目的とする合意へと誘導していくテクニックです。この背景にも一貫性の原理があります。

例えば「お子様には健康に育ってほしいですよね」「学業もよければいいですよね」「しかもあまり時間をかけずに学習できる教材があったら欲しいですよね」などのように、イエスが当たり前の質問を重ねていくと、最後には教材を買うことにも「イエス」と答えてしまうことになるのです。

親 近感をつくるなら共通点を探す「類似性バイアス」

共通点の多い人とは意気投合しやすい現象のことで、「同類性バイアス」とも呼ばれます。

人間は自分と似た特徴や背景を持つ人に対して親近感を抱きやすく、好意的な評価をする傾向があるのです。

セールストークにおいても、お客様との共通点を強調する

ことで親近感を醸成しやすくなります。事前に相手との共通点を見つけておくと、商談を有利に運ぶことができるかもしれません。

類似性バイアスの例
- 同じ趣味や興味を持つ人に親しみを感じやすい
- 出身地や学歴が同じ人に親近感を覚える
- 価値観や考え方が似ている人と仲良くなりやすい
- 外見や年齢が近い人に心を許しやすい

無意識に好感度を上げるなら動作をマネる「ミラーリング効果」

相手と同じ動作や表情をすることで、親近感や信頼関係を築くことができるテクニックです。「類似性バイアス」とも共通する原理であるといえます。

例えば、相手がコーヒーを飲んだらこちらも飲む、足を組んだらこちらも組む、などにより一体感を醸成するのです。

また、会話が盛り上がらないときに使えるのが、「バックトラッキング」です。これは、相手の言葉を「オウム返し」のように繰り返すことで共感が生まれ、親近感が上がります。

第一印象から好感を持たれるには外見に気を使う「メラビアンの法則」

コミュニケーションにおける影響の割合は、話の内容は7%に過ぎず、声の大きさやスピードが38%、表情や視線などの視覚情報が55%を占めるという法則です。

第一印象を決める見た目、話しているときの視線が重要なのですが、話の内容が貧弱でもいいということではありません。

雑談の必要な相手なら雑談の時間をとる「ラポールの形成」

ただ、最近は、雑談は時間のムダと考える人も増えています。「いまは雨、降っていませんでした？」「ここの場所、すぐにわかりました？」のようなお天気や道の混雑状況などカンタンな質問で雑談が必要か否か見分けましょう。

まず、雑談が必要な人（＝「雑談もなしにすぐ商談に入るなんて余裕がないな、人付き合いの基本だろう？」と考えるタイプ）は、YES・NOの回答だけでなく、「いやー、今日は傘持ってくるの忘れたから、降られずに助かりましたよ、実は先週もね……」と話をつづけます。

こういう人には、3〜5分ほどの世間話が必要でしょう。

反対に「降ってないですね」など答えだけ言って黙るタイプは雑談は時間のムダと考えるので、「では、早速ですが…」と商談に入ればよいのです。こういうタイプに雑談をすると、「仕事のできない人だな」と受け取られてしまいます。

熟慮はタイパがわるい？

直 感を活かしてベターな判断をする

あなたは、次のような心の動きに共感しませんか。

> ● 友人が青い目の外国人を連れてきたので「英語を話すのだろうな」と想像した。
>
> ● 急いで駅のホームに駆け上がったが、「ほんの1分前に電車が出た」と知り、悔しい気持ちがより強くなった。
>
> ● 「今日から出社する新人は有名なバスケットボールの選手に似ているらしい」と言われ、高身長の男性を探した。

　以上は、いずれも「ヒューリスティック」による思い込みや先入観です。

　行動経済学の研究者であるダニエル・カーネマンとエイモス・トベルスキーは、「システム1」と「システム2」という概念を提唱しました。

　「システム1」は、人がフクザツな問題に直面したとき、迅速な判断を下すために経験や直感にもとづく意思決定をおこなう、"思考の近道"のようなものです。

	直感	熟考	
システム1	高速	低速	システム2
	衝動的	理性的	
	経験的	論理的	
	エネルギー消費少	エネルギー消費多	

　この「システム1」こそがヒューリスティックであり、経験や先入観に基づいて直感的に答えを得る思考法です。必ずしも正確な回答ではないものの、あるていど正解に近い答えを得ることができます。

　一方で「システム2」は、多くの情報によって冷静で論理的かつ熟慮型の意思決定を行う思考法です。

　人には「システム1」と「システム2」のいずれもが混在

しています。

　例えばあなたが仕事で訪れた展示会で、入口を入ったばかりのときは冷静な「システム2」の判断力で各ブースを比較、検討します。

　ところが、広い会場を2時間以上も歩き回って疲れてくると「システム1」が発動してきて、コンパニオンさんに声をかけられるままにブースを訪問したりするようになるのです。

ューリスティックの種類

代表的なヒューリスティックは以下の通りです。

■利用可能性ヒューリスティック

思い出しやすい情報や記憶に基づいて判断を下す傾向のこと。「○○といえば？」と考えたとき、すぐに思い浮かぶブランドは店頭で強いため、多くの企業がネーミングを連呼する広告を制作します。

■代表性ヒューリスティック

外見や特徴に基づいて物事を判断する傾向のこと。白衣の人が話す内容は信じられる、図書館に勤めているのは物静かな人、などステレオタイプに近いイメージを抱いてしまうのはよくあることです。

■固着性ヒューリスティック

最初に得た情報に引っ張られて判断してしまう傾向のこと。通常価格のとなりに割引価格を掲示することで、安価だと感じさせる効果を狙えます。

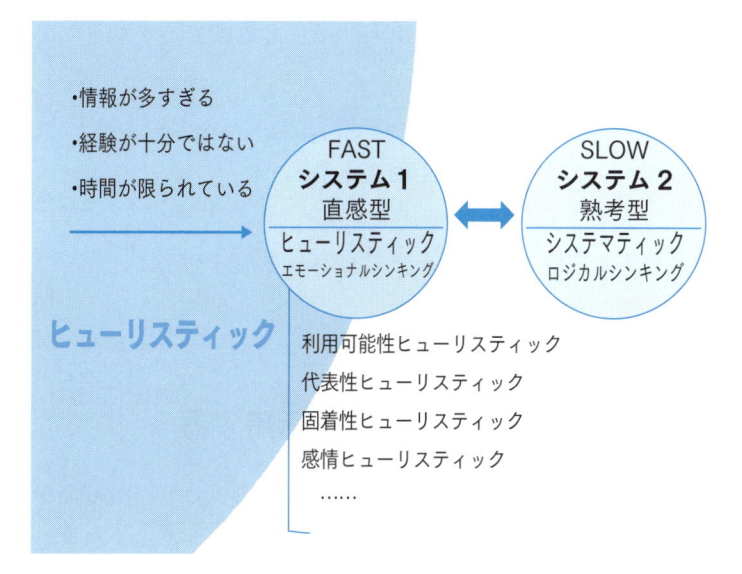

・情報が多すぎる
・経験が十分ではない
・時間が限られている

ヒューリスティック

FAST
システム1
直感型
ヒューリスティック
エモーショナルシンキング

⟷

SLOW
システム2
熟考型
システマティック
ロジカルシンキング

利用可能性ヒューリスティック
代表性ヒューリスティック
固着性ヒューリスティック
感情ヒューリスティック
……

■感情ヒューリスティック

気分や感情に基づいて物事を判断する傾向のこと。好きな人が「美味しいよ」と勧める料理は美味しく感じるなど。

なぜヒューリスティックが発動するのか

例えば、「この低価格で購入できるのは今日だけ」や「限定20台のご案内でしたが、在庫はあと3台ですね」などと言われるとお客様はチャンスを逃したくないと考えて購入を決定しがちです。

時間の制約があると、人は早く意思決定をしなければならないと焦ります。その際、人はヒューリスティックを用いて短時間で意思決定をしようとするのです。

つまり、購入の意思決定をしてもらうためには、あえて時間的制約を設ける手法が有効です。さらに「1週間以内であ

れば解約可能」のように「損失回避」も提示すると効果的です。

ヒューリスティックが発動する要因
- 制約条件や情報が多すぎる
- 意思決定者の経験が十分でない
- 時間的な制約がある

システム1と2の両方を活用する

　成績のよいセールスパーソンは、訪問先の会社の調度品や絵画を褒めたり、来店したお客様の趣味のよさを讃えたりして、よい気分にさせてから商談をはじめたりします。

　これは感情ヒューリスティック（「システム1」）を適用したものといえます。人は気分がよいと衝動買いに走ってしまう傾向があるのです。

　反対に気分がよくないときは商品の欠点が目立ち、これは買うべきではないと理性的な判断をしてしまうのです。

　その一方で、第一印象はあまりよくないけれどじっくり考えたら優位性がわかる商品を評価してほしいときは、「システム2」を適用します。

　例えば、「よく考えれば選択するべき理由がわかります」や「賢い人には選ばれています」、「これまでと同じ商品でいいのですか？」のような訴求をおこなうのです。

第2章

広告表現
「それなら欲しい！」と言わせる表現を探せ！

　コピーライターが無意識に活用している、プロの訴求テクニックを言語化しました。

ウェブやフライヤー、広告などの表現力と誘引力が飛躍的に向上するはずです。

高額商品を売るなら表現手法を工夫する

フレーミング効果

定　義

同じ内容の情報でも、見せ方、言い方によって人の反応や選択が変化する現象のこと。

事　例

　下記は、より多くの有効成分が商品に配合されているように感じさせるために、フレーミング効果を使った実例です。
- 「タウリン1000mg」（つまり1g）
- 「レモン*50個分のビタミンC」
  （商品サイトでは、レモン50個分のビタミンCは1000mgと書かれているが、つまり1g）
- 「レタス10個分の食物繊維」
  「日本人に必要な食物繊維の2日分」
  （いずれも食物繊維30g）

*ビタミンCはアセロラやイチゴのほうが含有率は高い。
しかし「ビタミンC＝酸っぱい」という固着性があるため、レモンをあえて使う狙いもある

メージが大きく変わる表現手法「シャルパンティエ効果」

　上の事例のように、単位や表現の仕方が違うだけで印象が変わってしまうことをシャルパンティエ効果と呼びます。

　例えば、「鉄1キロ」と「綿1キロ」では鉄のほうが重いように感じてしまいます。

　キャンペーンなどの割引率でも、その表現の仕方によって印象は大きく変わります。

　「買物客20人に1人の購入代金をすべて無料にする」というキャンペーンがあるとします。

　これは実質的には「全品5％引き」と同等の割引率です。しかし「5％引き」ではインパクトがありません。

　ところが「20人に1人、お買い上げ代金がすべてタダ！」といわれると、とてもおトクなオファーとして響きますし、「もしかして代金が無料になるのなら、たくさん買わなければソンだ」というインセンティブまではたらきます。

実際には、全額無料のそばに小さな文字で「ただし上限150,000円まで」などと書くことで、おトクに響くうえに全品5%引きよりも、店舗の負担は限定的となります。

　また、同じ情報でも、ポジティブな表現とネガティブな表現を使い分けることで、顧客の受け止め方は変わります。

　例えば「脂身が20%の牛肉」と「赤身が80%の牛肉」では、後者のほうがヘルシーなイメージを与えます。

体的に理解してもらえる数字を使う

　「とても便利」、「たいへん人気の商品です」という言葉は魅力的な一方、具体性には欠けるため、いまひとつ実感をもって受け止めてもらえません。

書き換え例

- とても便利→作業時間を35%カットできます！
- 人気です→ 1,000個売れたら大ヒットなのに
　　　　　　8,000個売れています！
- おトクです→電気料金が20%節約できます！

また、割引表示をするとき、具体的な金額を書かないとピンとこない人もいます。「○○%OFF」や「○○割引」ではなく、割引き金額や割引後の販売価格をはっきり書くほうが、間違いがありません。

> **書き換え例**
> 「980円の品　25%オフ」 → 「980円の品が本日735円に！」

価 格は同じでも1日あたりに置き換えると？

多少値段が高い商品でも、1日あたりで割ることで少額に見せることができます。

> （書き換え例）
> 「年額44,000円の火災保険」
> → 「この安心が1日あたり缶コーヒー1杯分（約120円）」
> 　　※44,000円÷365日（1年間）≒120円

13万円の商品なら、コーヒー1杯分（約365円）となります。

これは、「時間的フレーミング効果」というものです。

例えば、3年間は使いつづけるスマホの代金を、購入時に「16万円です」と言われると「高い！」と思ってしまいますが、3年の間、毎日（365日×3年）使うと、1日あたりの価値は（約146円）です、とアピールすることもできるのです。

売り方を変えると買いやすくなる

　売り方や見せ方などの切り口を変えることで、高額商品の価格が気にならなくなる方法もあります。いくつか具体的な方法を書きます。

①ギフト商品にする

　あなたの商品が他者への贈り物に向いている場合、ギフト市場向け商品として販路展開することも、選択肢の一つとして考えてもよいでしょう。

　プレゼントされると喜ばれるものは、欲しいけれど自分では購入しない商品も多いものです。
　生活必需品や日用品などもありがたいのですが、金額は同じくらいでもぜいたく品や少し特別感のある商品を贈られるほうが、よりうれしく感じます。
　また贈る側も自分のためには躊躇する出費であっても、大切な人への贈り物に使うおカネは惜しまない傾向があります。

　便利で価値はあるけれど自分ではなかなか買わない性質の商品として、例えば観葉植物や高級なスカーフ、上質な名刺ケース、あるいは炭酸水メーカーのような商品などが挙げられます。
　こうした性質の商品は、「自分へのご褒美」として購入を提案するのもよいでしょう。

②レンタル・リースで貸し出す

　高額商品でも、レンタルやリースになると1日あたりの料金や月額などが手軽な金額になり、経費計上できます。

　または、シェアをして使用できるような仕組みにするのもよいでしょう。こうした売り方をすることで、購入のハードルが下がります。

③ハードルを低くする

　高級レストランや美容室、ショールーム、ブライダルサロンなどはハードルが高く、気おくれするような外観で入りにくいことがあります。

　こうした業態では、フライヤーやポスティングのようなカジュアルな販促をするわけにもいきません。

　そのためお客様が増えないというジレンマがあります。

　欧州のブランドなどなら価格帯もわかっており、買わないけれど見学に行こう、というお客様もいますが、有名ブランドというほどでなければ、商品が素晴らしくとも最初のきっかけがないため売れないのです。

　そういった場合は、低価格の物販やカフェを併設してみると、エントリーユーザーとの出会いを演出することができます。

　東京・乃木坂にはベンツのショールームに併設されたカフェがあり、気軽に来店することができます。

　散歩のついでに立ち寄った何気ないきっかけからベンツユーザーが生まれることもあるのでしょう。

④モノをコト化する

　旅行やテーマパークなどの体験や、ビジネススクールなどの自己投資には、高額でも人はおカネを払います。

　つまり、高額商品も体験化して訴求することで選んでもらいやすくなるのです。

表現の手法で印象をグンと強くする

　商品のメリットを単純に訴求するより、マイナス面を伝える表現に置き換えたほうが、インパクトのある表現になることがあります。

　人は、得をするオファーよりも損をする恐れがあると言われることに、強く反応してしまうという心理があるからです（※196ページも参照のこと）。

書き換え例

- 「風呂釜がキレイになる」
    - → 「風呂釜はバイ菌がいっぱい」
- 「こうすれば投資はうまく行く」
    - → 「あなたが投資に失敗する理由」
- 「この保険に入れば将来も安心」
    - → 「この保険に入らないと
        大変な損失が出るかもしれません」

　どうでしょうか。

　安心感を強調するポジティブな表現よりも、ネット広告でよく見るような不安をあおるネガティブな表現のほうがパワ

ーがありませんか。

　テレビのワイドショーやゴシップ雑誌でも、ネガティブな
ニュースのほうがウケる傾向にあるといいますね。

　またデザインやビジュアルにおいても、表現次第で印象が
変わる効果を見込めます。

　例えば、高額商品であれば高級感のあるシーンのなかに置
いて撮影する。反対に、安価な商品の広告であれば庶民的な
シーンのなかに置いて見せる、などです。

　こうした無関係なはずの画像や映像を、無意識のうちに商
品と結びつけて考えてしまう心理作用のことを「クレショフ
効果」と呼びます。

　身近なフライヤーやテレビCMの表現もそのようになって
いることが多いでしょう。

「フレーミング効果」の実践テクニック

▶ 単位や数字の表現方法を見直して、
　言い方を変えてみる

▶ 数字の視点をどこに置くかを意識して言い方を考えて
　みる

▶ ギフト商品にするなど、売り方や見せ方などの切り口
　を変えてみる

▶ マイナス表現に変えてみる

買物での失敗を恐れる人には第三者の評価を伝える

定 義

当事者よりも、第三者を介して伝えられた情報や評価のほうが信頼されやすい心理効果のこと。

事 例

ある外壁塗装業者は、お客様からもらった評価を"表彰状"風のデザインに入れ込み、何十棟分もウェブサイトに掲載。同社はこの効果により、とくに信用が大切なリフォーム分野でウェブからの新規開拓に成功している。

顧客の生の声も件数が多いと信用力になる

リフォーム業や外壁塗装のようなサービスは、それまで付き合いがなかった業者に発注するのはリスクが高いと感じてしまうものです。

見積もりは「二度塗り」となっているところを「一度塗り」にされたり、油性塗料を安価な水性塗料に変えられても素人にはわかりません。

依頼主の感想が業者のウェブサイトに掲載されていることはよくありますが、だからといってそれがなかなか信用にはつながらないものでしょう。

　ところが事例に挙げた会社では、依頼主の"表彰状"が何十枚も掲載されています。

　1、2人では信ぴょう性もまた少ないのですが、10人、20人以上も掲載されていたり、顔写真や実名なども入っているとリアルなので信じてしまうのです。

ウィンザー効果の背景には同調圧力も

　このように、多くの人がしていることや、第三者からの評判がよいものを人は信用する傾向があります。

　そのため、お客様の導入事例や、使用感想などのアンケートをとり、「ご愛用者の声」としてウェブサイトやフライヤーのウラ面などに掲載することで、新規客に安心感を与え、購買意欲を高めることができます。

このように「みんなやっています」「常識です」という雰囲気を醸成することで同じ行動をとりやすくする背景には、同調圧力がはたらいています。

「土用の丑の日の鰻」や「バレンタインデーのチョコレート」、「婚約指輪には給料3ヵ月分のダイヤモンド」などは、いずれも一店舗、一企業がつくり出した成功事例です。

高 レビューをしてもらうためにできることは？

第三者が推奨しているレビューは値千金なのですが、Amazonや価格.comなどのレビューは、企業側がコントロールすることができません。

だからこそ、「オーバーハード効果」が発生します。オーバーハード効果とは、利害関係のない人の話を漏れ聞くと信用してしまうという現象です。

そうした投稿をしてもらうためには、商品やサービスの品質を高めておくということにつきます。

これはブランドを育て、ファンを増やす条件でもあるといえるでしょう。

企業が広告などでアピールできるものには販売数量や顧客数、メディア紹介などの実績もあります。

「ユーザー累計○○人達成！」「○○テレビで紹介されました」のように、多くの人が顧客となっている実績や、高評価を受けていることを示す、客観的な数字データを用いて伝えるのです。

多くの人が選んでいたり、マスコミが取り上げているもの

なら品質が高く、買物に失敗しないですむという安心感も与えることができます。

　また、たとえ自慢できる大きな実績がなくても、分野を絞り込んだり、限定的な地域でのナンバーワンを使って目をひくこともできます。

　「グッドデザイン賞ベスト100受賞！」などの表現で会社や商品に対する受賞歴や認証を受けた実績を紹介することも有効です。

　商品やサービスの信頼性を客観的にアピールすることができるからです。

「ウィンザー効果」の実践テクニック

▶ 顧客の生の声を多く掲載して、それだけの人に評価されていることをアピールする

▶ 分野を絞り込んで実績を掲載紹介する

（例）

- 「○○をご利用いただいたお客様の声」
- 「○○が（メディア名）で紹介されました！」
- 「シリーズ累計販売数100万個突破！」
- 「○○秒に1個、売れています!!」
- 「10万人が絶賛！話題の○○とは」
- 「第19回○○デザイン賞受賞しました！」
- 「ISO認証9001取得しました」

3 購入を迷う人には専門家の お墨付きをアピールする

定　義

専門家や権威のある人の意見や言動を信じてしまう心理的傾向のこと。

※ミルグラム効果の出典は、「権威者の命令なら人は残虐な行為も実行してしまう」というミルグラム実験。販売促進としては、その原意とは無関係に応用したい。

事　例

インソールメーカーのBMZは大学病院の医師による臨床エビデンスと推薦が出たことにより、メディアで紹介されたり、政府系ファンドからの出資が決まり、病院や介護施設での購入が一気に拡大した。

「白衣を着ている人」の推薦が効果的？

専門家や著名人が評価していることを知ると、「それなら買っても安心だ」となりやすい心理的な傾向があります。

専門家や業界の著名な人物による"お言葉"を広告やウェブサイトに掲載すると、商品の信頼性が高まるのです。

とくに日本人は権威に弱い国民性のせいか、白衣を着た人のお墨付きによって一気に購買意向が高まることがあります。「医師が推薦」「栄養士が選ぶ」、あるいは「歯科医がす

すめる歯ブラシ」「シェフが選んだシステムキッチン」など。「宮内庁御用達」「NASAで使用されています」もそうですし、かつては小泉今日子さん推薦ということで、売れた絵本や童話がずいぶんありました。

※医師が医薬品・化粧品のような薬機法の対象となる商品を広告で推奨することは規制されていますので注意が必要です。

増 えているアンバサダーマーケティング

　商品のファンに芸能人がいるなら、評価しているコメントを掲載したり、キャラクターとして起用するアンバサダーマーケティングも実施できます。

　この場合、本当のファンであり、価値を理解していることが必要です。そうでなければふつうのタレント広告と変わりません。

またマスコミ取材を受けてテレビで紹介されました、というアピールも有効です。

「NASAが選んだ」なら間違いない

　「海外で賞賛されている」という評価に弱いのも日本人の特性です。

　江戸切子の高額な値段を聞いて驚いても、お店の人に「フランスの方がまとめて買っていかれました」などと言われると、「それだけの価値があるのだな」と、すんなりと信じてしまいます。

　「モンドセレクション金賞受賞」などは海外で賞賛されているという典型ですし、国内で注目されていなかった新進のベンチャー企業も、米国で技術を評価されると急に出資者が現れたりします。

　価値のある研究をつづけてきたのに評価の低かった学者も、ノーベル賞をとったら急に絶賛されるのです。

第三者によるエビデンスで信頼される

　人だけではなく、信頼できる公的機関や第三者機関による検証結果などのエビデンスがあれば、世間の見る目も大きく変わります。開発者1人が、「すごい結果が出ました」というだけでは不十分なのです。

　例えば新商品の営業資料に、公的研究所などの実験結果データや学術論文の引用が掲載されていれば、商品の信頼性が高まります。トクホ（特定保健用食品）や機能性表示食品と

して、登録する根拠につなげることもできます。

　行政が発表している、統計データに則った主張をするのも一つの方法です。

　各省庁のウェブサイトには、栄養摂取や睡眠時間、就業時間の問題点を、調査データとともに掲載していることがあります。商品がこうした問題解決につながるものであるなら、ここを足がかりにして、必要性や正当性をアピールすることができます。

　例えば、「日本人に最も足りていない栄養素はカルシウム（ビタミンC、食物繊維）でした」「世界でいちばん睡眠時間が短い日本人」のようなキャッチコピーで、商品購入を促すのです。

「権威性」はウェブ上でも強い影響力を持つ

　Google の検索アルゴリズムでは、「E-E-A-T」が評価軸としてウェブサイトの重みづけに用いられています。

E-E-A-T
- 経験（Experience）
- 専門性（Expertise）
- 権威性（Authoritativeness）
- 信頼性（Trustworthiness）

　これは検索されたときに、専門性や権威性で裏付けされたウェブサイトのほうが上位に表示される、ということです。

つまり、SEO対策をするには専門家や権威者の起用も重要であるというわけです。

　この場合の専門家、権威者とは、医師、大学教授、著者、ジャーナリストなどを指します。

ンフルエンサーやセレブの推薦

　若年層向けの商品では、広告よりSNS投稿のほうが買物の参考にされる傾向があります。SNSで商品カテゴリー検索をして、誰かが推薦している商品を買おうとするわけです。

　そのため、XやインスタなどのSNSで活躍しているインフルエンサーに、ブランドを支持していることを表明してもらえると商品の魅力度はぐんと高まります。

　若者向けの商品を売るなら、商品カテゴリーと相性がよくフォロワー数の多いインフルエンサーにサンプルを送ったり、有料で宣伝をしてもらうことを検討してもよいでしょう。

　このとき問題になるのがステルスマーケティング（ステマ）です。ステマ問題に対する規制はきびしくなる一方ですし、SNS上では必ず誰かが気づいて拡散し、炎上の元になりますので十分な注意が必要です。

バイトリーダーのおすすめでもいい

　専門家、権威のある人といっても、大学教授や医師、タレントさんの推薦を取りつけるのは容易なことではありません。

　すでに商品の実績や知名度があること、または使える予算があることを求められるからです。

そこで、中小企業やとくに店舗では、効果は限定的ではあるものの、自社の社長や店長、バイトリーダーのおすすめでもよいのではないでしょうか。

ジャパネットたかたの髙田明元社長は「商品は全部、使っています。自分がいいと思わなきゃ売りません」と語っており、同社が扱う商品全体への信頼感を醸成していました。

髙田元社長は著名人なので比較の対象にはなりませんが、物を売る以上、自信を持ってセールストークするためには、自分もユーザーであることは必須でしょう。

SHIBUYA109のようなアパレル店舗では、カリスマ店員やカリスマバイヤーが発言権を持つこともあります。

あなたの店舗でも、「店長の山本です。いろいろ試してこれにたどり着きました」「バイトリーダーのぜったいオススメ！」「バイトの真紀ちゃん御用達です」という、リアルな推しが説得力を持たせるのではないでしょうか。

「ミルグラム効果」の実践テクニック

▶ 専門家、医師、大学教授などに推薦してもらう

▶ 商品開発に携わった専門家のインタビューを掲載する

▶ 商品を使用している著名人のコメントを紹介する

▶ インフルエンサーに商品をレビューしてもらう

▶ 学術論文や研究結果を引用する

▶ 著名公的研究機関でのエビデンスを掲載する

注目を集めるには「顔」をつける

シミュラクラ現象

定　義

人が、壁のかすかなシミや模様の中に「顔」を見出して注目してしまう脳のはたらき。

事　例

ある老舗の和菓子店では、若い世代に餡子が不人気で饅頭が売れないことで困っていた。そこで、猫の顔を饅頭に焼き付けてみたところ、若い女性が「カワイイ!」と買ってくれるようになり、ヒット商品になった。

注 目させる表現には「3B」を使う

　3つのシミがあれば、人はそれを顔として見てしまう性質があります。

　広告では、そんな人の性質を利用して人や動物の顔をキービジュアルに活用することが有効です。広告業界には、昔から「広告表現で注目を集めたいなら［3B］（Beauty【美人】・Baby【子供】・Beast【動物】）を使え」という言葉があり、つまり人は、人にかぎらず動物でも顔が見たいのです。

　雑誌でも、表紙デザインにモデルやキャラクターの顔などがレイアウトされがちです。

　さらに、モデルの場合は4人以上の複数で写っているほうが魅力的に見えるとされ、この現象は「チアリーダー効果」と呼ばれます。アイドルがグループでデビューするのもこのためです。1人だけでは好みが分かれるところを、集団であれば誰かを気に入ってファンになってもらえるのです。

　商品パッケージでも、キャラクターの顔がデザインされていることで注目してもらえます。

　また安心感や幸福感を与えるビジュアル要素は、感情にはたらきかける効果があるという現象を「視覚的プライミング」と呼びます。

　広告にも、穏やかな笑顔の人びとなど安心感や幸福感をイ

メージさせるキービジュアルを取り入れることで、視覚的にポジティブな印象を伝えることができます。

想定通りの反応が得られる「アフォーダンス理論」

「アフォーダンス理論」とは、周囲の環境が提供する意味や価値などの情報の概念のことで、カンタンに言うと「○○といえばこれ」「〜らしさ」という認識を指します。

プロダクトデザインやウェブサイトでも、直感的に操作できるものには、こうした原理が生かされています。

アップルのiPhoneやMacOSの評価が高い理由の一つにもなっているのではないかと想像します。

そのため、他者と同じことはしたくないと考えて、あまりにも革新的なデザインにしてしまうと、お客様が気づかず反応率が落ちるということがあります。

あまりにも社会的な認識を離れたデザインにすると、ユーザーは勝手がわからず迷ってしまうのです。

イベント告知には「らしい」デザインを

例えばイベント募集の告知をするときに、「イベントはこういうデザインのフライヤーやLPで募集するもの」という、慣習にのっとってデザインされていれば、年齢やリテラシーに関係なく、一定の反応がとれるでしょう。

これを、慣れない人がデザインしたり、または従来のデザインではつまらないと考える人が斬新な仕上がりにすると、何を伝えるフライヤーかがわかりづらくなったりします。

すると、何を訴求しているのか読みとってもらえず、結果として申し込みが少ないということがあり得ます。対象となるターゲットが中高年以上というときはとくにそうです。

　こういうときは、わかりやすい定番の商業的なデザインを採用すればよいのです。

動きがあるとウェブも注目される

　人類が狩猟をして生活していた頃からの名残りで、人は動くものに注目してしまいやすい習性があります。

　サッとお辞儀をする、価格交渉のとき口頭ではなくあえて電卓を叩いて見せる、上司に伺いを立てるとして行ったり来たりするなどの動きは商談の現場でも価値を持ちます。

　とくにウェブサイトでは、トップ画面のスライドショー再生や、動画やGif画像と呼ばれるカンタンなアニメーションの再生など、動きがあるほうが飽きさせず、滞在時間が伸びる傾向があります。反対に、画面に動きも人気（ひとけ）もないと、お客様のアクションにつながりづらくなります。

「シミュラクラ現象」の実践テクニック

▶ フライヤーなどのデザインに3Bを使う

▶ デザインに顔の要素を入れる

▶ イラストでもいいのでキャラクターを設定する

▶ ウェブサイトにアニメ効果など動きをつける

▶ あえて典型的な定番デザインを踏襲したり
　復古調にする　（例）ラムネのボトル

5 印象に残したければ 結末を隠しておく

ツァイガルニク効果

定　義

終わってしまったことよりも、未完結になっていることのほうが脳に強い印象や記憶を残す心理現象。

事　例

支援先企業で出稿したFacebook広告のクリック数が増えないのでキャッチコピーを変更し、「このあとどうなったのかというと……」と最後まで書かない表現に変えたところ、クリック数が2.4倍に増加した。

は結末を知りたがるから

　YouTube動画のタイトルは結論まで書いていない、いわば「あおり系」の惹句になっていることが多いようです。人の好奇心を刺激して反応をとるという意味では、広告表現も同様です。

　かつてはティーザー（じらす）という広告の表現タイプがあり、大手企業がテレビや新聞など複数メディアで展開して話題づくりに活用していました。

　例えば、クルマメーカーが新型車の発売に際し、デザインや機能性などの情報を、広告で段階的に小出しにしていきま

す。そして興味や関心を少しずつ刺激して、発売のタイミングでピークとなるように盛り上げていくのです。

モールビジネスでもじらせます

いまは派手にマスメディアを使わなくても、ウェブを使って手軽に活用できるので、検討してみる価値があると思います。

例えば、リスティング広告などでクイズ形式の表現をとり、解答を知りたい人はクリックするように仕向けるのです。あるいは物語形式として結末をあえて書かず、知りたい人がクリックするような仕掛けにするやり方もあります。

リスティング広告を出稿する際は、クイズ形式にするとクリック率が高くなることがほとんどです（購入・発注に結び

つくかどうかは別）。

　また、商品の効果を途中まで伝えて関心を持ってもらい、「続きはウェブで」などとすることでも有効です。

　「どういうこと？」と先を読みたくさせる、または答えを知りたいと思わせることができれば成功です。

リックした先は期待通りか？

　フライヤーやDMなどのアナログ媒体で仕掛けるときは「○○○で検索してね」というメッセージにすればよいでしょう。

　ただし、新商品情報ほかを段階的に明らかにすることによって注目を集め、期待を盛り上げていく手法ですので、小出しにしたあとに見込み客が納得してくれる種明かしがなければ、逆効果になってしまいます。

　また、あまり多用しすぎると飽きられてしまい、「どうせたいした情報ではないだろう」と、スルーされてしまうことにもなります。これらの点には注意が必要です。

「ツァイガルニク効果」の実践テクニック

▶ あえて結末を教えず、「続きはウェブで！」などの表現で興味を引く

▶ 広告表現でクイズ形式や「〇〇で検索！」という仕掛けにする

（例）

- 「英語が話せるようになった理由の１つは映画。もう一つは？」
- 「意外な方法で肩こりを直した山田さん、その方法とは……？」
- 「冒険のはじまり。ドラゴンクエスト」
- 「メルセデスの本気　〇〇.〇〇 Fri メルセデスベンツ」

感情移入してもらうには物語で伝える

ナラティブ効果

定　義

ナラティブは「物語」や「語り」の意味を持ち、物語を通して説得したり、問題解決を図っていくことが心理学の見地から有効であるとする考え方。

マーケティングでは、物語があることで感情移入したり、企業や商品のファンになる効果を指す。

事　例

支援先の美容室向け化粧品メーカーでは、髪や地肌にやさしいシャンプーが、実は顧客のためではなく新人美容師たちのために開発されたと明かす物語を、ウェブサイトに掲載。

毎日、何人ものシャンプーを担当することでアシスタント美容師の手肌がボロボロになり、それで離職してしまうことに心を痛めた開発者が、手肌にやさしい洗浄成分を求めてできた商品だというエピソードが話題になり、同社商品の売上は一段と伸びた。

物語は強く記憶に残り人を行動させる

私は支援先企業のウェブサイトを企画するとき、必ず物語のページを入れるようにしています。

上に挙げた事例も、実はそのうちの一つです。

そのほかにも、借金を抱えながら商品開発をして国際特許までとった苦労話や、阪神淡路大震災で倒壊した家屋と無事だった家屋による生死の差にショックを受けて耐震性能の追求へと傾倒していった工務店社長の半生などを支援先のウェブサイトに書きました。

物語となるとどうしても長文になりますので、読み切る人はほとんどいないかもしれません。それでも、読み切ってくれる人はいます。それは、その会社との取引を真剣に検討してくれている人です。

どの物語も、読み終えたあとには必ず、少しだけその会社のことが好きになって「ぜひ取引したいな」と思ってもらえる、そんな文章になるように心がけています。

ジネス上の意思決定も結局は誰かの共感

　企業や商品の価値を伝えるには、物語として語ることが有効です。物語は人の感情に訴えかけ、共感を育てます。

　記憶にも残りやすく、購買意向（意欲）が高まるだけでなく、心情的な味方ができるような感覚があるのです。

　感情に基づいて意思決定する傾向を「感情ヒューリスティック」と呼びます（※97ページも参照のこと）。

　さらに、物語が好意を獲得できれば、単なる商品説明だけでは終わらないのです。

　価格帯がまったく異なる高級レストランとラーメン店が共存できているのも、それぞれに背景（物語やこだわり）があるからこそです。どちらにも愛着が生まれ、ファンがいる。販促だけでなく、人材募集においても有効な手法だといえます。

客様が主役の物語をつくる

　オールインワンを標榜する、時短化粧品の商品企画に協力したときに私が心掛けたのは、ただ時短の便利さを味気なく訴求する表現はやめようということでした。

　提案したのは、時短してできた時間を「あなた自身や家族のために使ってあげてください、あなたにはそれだけの価値があるのです」というメッセージを込めることでした。

　「自己愛バイアス」というものがあるなら、それに応えて

あげるストーリーをイメージしてもらうことが大切だと考えたからです。

　営業に限らず、プレゼンでも物語を話すことで伝わる価値観はまったく異なります。聞き手のイメージをふくらませ、自分ごととして感情移入してもらいやすくなります。人気のテレビ番組『人志松本のすべらない話』も、実話だからこそ「すべらない」といえたのでしょう。ドキュメンタリーの強さを活かせるのも物語の効果なのです。

　マッキンゼー・アンド・カンパニーのシニア・パートナーをつとめたオリヴィエ・シボニーは著書のなかで、「ストーリーテリング・トラップ」という考え方を紹介しています。これは、ビジネスの現場で起こっている詳細なストーリーを聞くと、それを検証するつもりが実際は裏付けを探して共感し、納得してしまうという現象を指しているのです。

「ナラティブ効果」の実践テクニック

▶ 人の感情に訴えかける物語を語り、企業サイトや会社案内、YouTube、フライヤーなどに掲載する

（例）

- ブランドの創業ストーリーや歴史を伝える
- 商品開発に携わった人の情熱を伝える
- ブランドが社会に貢献している意義を紹介する
- 顧客の課題や目標に沿ったストーリーを展開する
- 商品を使うことで得られる体験や感情を伝える

7 お客様に選ばれるには直感を刺激する

システム1

定 義

ヒューリスティックにより、直感的に判断がおこなわれる脳のはたらきのこと。

そのなかで、固着性ヒューリスティックとは、与えられた情報に基づいて判断を下す傾向があることを指す。

※94ページも参照のこと

事 例

米アイオワ州のスーパーで、スープ缶の10%割引セールを実施した。

「お1人様12個まで」とPOPを掲示した期間には、「何個でもどうぞ」と掲示した期間に比べて、約2倍の平均7個が売れるという結果になった。

ントを出すだけで選択をコントロール

上の事例では、「12個まで」と制限されるくらいおトクな売価なのだ、みんなもたくさん買っているのだ、と勝手に想像して購入個数が増えました。

このときの「12個」は、意思決定の基準点（アンカー）となる数値の役割を果たしたのです。

選択の意思決定に際し、複雑であったり、不明の部分があ

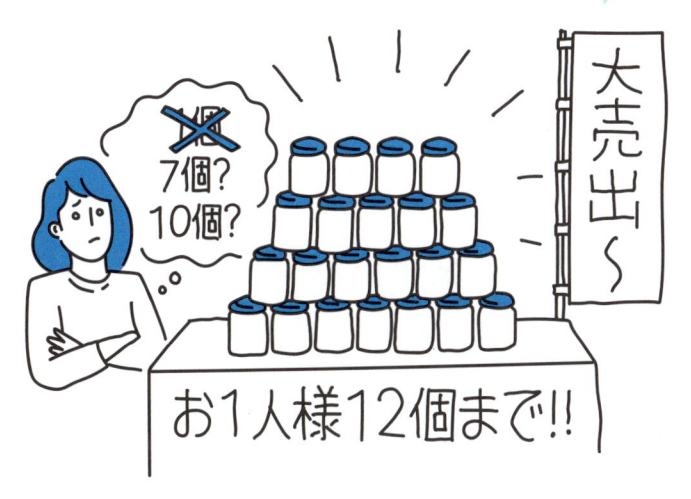

ると、人はシステム1を発動し、直感的な判断を下します。

　例えば保険加入や携帯料金のプラン選択のように、検討項目が多すぎると、人は無意識に基準点を求めます。そのときに、担当者が「80%のお客様がこちらのプランを選んでいます」とささやくと、「では、それにします」と意思決定しやすい（「ハーディング効果」／※34ページ参照）のです。

　いわば微妙なヒントが、消費者の行動に影響を与えるのだといえるでしょう。

　例えば、イベントやセミナーの募集フライヤーや記入フォームに「何人で参加しますか？」という項目があるだけで、1人だけでの参加が少なくなって、申し込み人数が増えるだけでなく、当日のキャンセルも減少するのです。

ら決定したと感じる「心理的リアクタンス」

心理的リアクタンスとは、「宿題をやりなさい」と言われるとやる気がなくなってしまう、「反抗」するような心理状態のことを指します。

つまり人は自分で行動や選択を決定したいのです。反対に、強制ではなく「あなたの選択を尊重します、感謝します」というニュアンスでコミュニケーションすると抵抗感がなくなります。

公共のトイレに貼られている、「いつもキレイに使っていただきありがとうございます」のようなメッセージにするほうが、使用者も気持ちよくマナーを守りやすいわけです。

商談でも、定番のお買い得商品ばかりを強くアピールすると、逆効果になることがあります。

有利な特典も不利な条件も淡々と提示し、「ご自由にお選びください」「自由に組み合わせられます」として最終決定を相手に委ねるほうが、結果として順当な選択に落ち着くのです。

そのためには、お客様の心理的傾向や行動パターンを理解し、希望に沿った商品設計とそれをわかりやすい言葉で訴求するなど、最適化をしておくことが前提となります。

あ えて引っかかりをつくる「非流暢性」

反対に、システム1で流されてしまうことをさけるため、あえて理解しにくい引っかかりをつくっておくというテクニックもあります。

例えば、セールストークであえて専門用語など、耳慣れない言葉やむずかしい言葉を使うのです。そして、相手が疑問を持ったところで解説を入れるのです。

そうすると、より印象に残ったり、腑に落ちやすくなり、自分に関連のあることとして強く記憶してもらえます。

文章でも、わざと読みづらい書体や表記にして注意力を喚起し、読み飛ばされることを排除して精読してもらうということもできます。

ただし、広告やウェブサイトの文章では読み飛ばされる原因となることが多いので注意が必要です。

「システム1」の実践テクニック

▶ 導きたい意思決定寄りに基準点を置いてみせる

▶ 多くの人がこちらを選択していると告げる

▶ シンプルな情報を提示して最後は本人に決めてもらう

▶ あえて専門用語を使い、解説を挟むことで印象を残す

見込み客を育てるには特典をオファーする

互恵性の原理
ごけいせい

定　義

ある関係性において、利益や好意を受けたことに対して同等の貢献を返すこと、またその反対に他者に与えた利益と同等のお返しを、自分にしてもらえると期待すること。

事　例

　いつも私がスーパーで購入している梅干しのメーカーは、年間に2度ほどプレゼントキャンペーンを実施する。

　パッケージの二次元コードからウェブサイトに遷移して応募する方式だが、なんと最近1,000円分のキャッシュレスポイントが当たった。

　今後も、このメーカーの梅干しを買いつづけると思う。

プレゼントは誰でもうれしい

　近年はベタな懸賞キャンペーンは減り、デジタル系のギフト券などを賞品としたものを、よく見かけます。

　事例に挙げたキャンペーンでは、日頃は接点を持ち得ないメーカーとお客様が、ダイレクトにつながる機会ですので、とても貴重だと思います。このようにキャンペーンの規模や予算は小さくても、インセンティブの提供により、お客様と

のよい関係性を構築する効果を望むことができます。

　以下がよく見かけるオファーとその事例です。

> ● 送料無料　● 返金保証、交換無料
> ● 登録初月は無料（トライアル期間の設定）
> ● ポイント還元キャンペーン　● サンプル無料送付
> ● 割引クーポンを提供　● 3個目の購入は無料
> ● ▲▲Payポイントプレゼント

利 益提供型オファーの事例

　では、代表的な事例を説明していきましょう。

● 「限定性・希少性（スカーシティ効果）」

　人は、手に入りにくいものや期間限定のものに対して価値を感じる傾向があります。そのため、手に入りにくい限定品であることを強調したり、期間限定のセールやクーポンを提供するキャンペーンにより、購買意欲を刺激することができます。ウェブサイトで在庫数や残り時間をリアルタイムで表示するなどのギミックも有効です。

　「いまならサンプルプレゼント！」「限定コレクション」
　「当ショップのみで販売！25％OFF！」「限定商品」
　「限定エディション」「数量限定！特別モデル」
　「会員限定サービス」「今月末まで予約特典をご用意！」

● 「緊急性」

　人は、緊急性の高い情報に反応しやすい傾向があるため、期間を限定するメッセージを伝え、即決購入を促せます。

　「本日限定！ 先着100名様まで〇〇プレゼント！」
　「終了間近！ 〇〇キャンペーン開催中！」
　「24時間限定セール」「限定30個！ 先着順」「お早めに！」
　「今すぐ申し込みを！」「本日限り！」「残りわずか」

● 「現在志向バイアス」

　人は、将来の利益よりも現在の小さな利益を優先する傾向があるため、いますぐ10万円を受けとるか、1年後に11万円を受けとるかという選択肢では、いますぐの10万円を選ぶ人が多くなります。

　また、「双曲割引」も現在の利益を優先してしまう傾向を

指します。いずれもお客様の"目の前の満足度を強く意識したオファー"により、購買意欲を高めます。

「今すぐ登録で500円クーポンプレゼント」

「今日申し込めば、明日から使える特典付き」

「即日発送、明日には届く」「今日からはじめられる」

景品やプレゼントは複数回に分ける

賞品が当たる景品キャンペーンでは、一度だけより、複数回に分けて当たるほうが喜びは大きくなるため、ダブルプレゼントのように二度当たったり、一度ハズレた人も再度の抽選ができるダブルチャンスなどのほうが効果的です。

これに対して、支出は一度にまとめたほうが痛みを少なく感じます。単身家電セットや、引越しの代金やマンション入居に際して発生する経費は、一度に請求するほうが得策です。

セット販売で関連ニーズを囲い込むことや、一人当たりの客単価を上げることで利益金額を増やすとともに、お客様にとってもバラバラに発注するよりおトクになるように設定すれば双方にメリットがあるわけです。

「互恵性の原理」の実践テクニック

▶ ささやかでもプレゼントは顧客との関係性を温める

▶「限定性」「緊急性」「現在志向バイアス」などのタイプを考慮して、オファーを企画する

9 心理効果と キャッチコピー表現例

［ジンクピリチオン効果］他

定 義

語感の迫力に影響されて内容を過剰に評価してしまうこと。よくわからない専門用語があると説得力が増すような表現を指す。

フレーミング効果（※100ページも参照のこと）を、キーワードやキャッチコピーの段階に適用したものともいえる。

 理効果とキャッチコピー

各章の項目で解説されているバイアスや効果をキャッチコピー表現に展開した例を挙げます。

◆ジンクピリチオン効果

かつてシャンプーのCMで「ジンクピリチオン配合！」（抗菌剤）というメッセージがあったのですが、ユーザーは効能を理解しないまま「品質がよい」と思い込む現象がありました。

近年も、「上面発酵」（ビール）や、「イカリジン配合」（防虫剤）などの例が見られます。いずれも、効果効能よりキーワードの迫力が着目された例です。

◆ プロスペクト理論

　プロスペクト理論とは、一般的に「おトクな話があります
よ」と言われるより、「あなたはいま損をしていますよ」と
ささやかれるほうが強く反応してしまうこと。

　「あなた、高い買物をしていませんか？」
　「せっかくの栄養素を捨てていませんか？」
　「失敗しないマンション購入法」
　「まだきついトレーニングをしているのですか？」
　「不眠の原因は枕でした」

◆ インタラクション性

　人は質問されると反応したり、自分が参加していると感じ
て積極的に行動する傾向があるため、質問形式にするとシェ
アやインタラクションを高めることができます。

「〇〇について皆さんのご意見を聞かせてください！」
「アンケートです！　あなたの好きな色は？」
「【クイズ】〇〇の答えは何でしょう？」

◆ツァイガルニク効果

　人は、予想外の展開やオチに驚いたり、興味を持ったりする傾向があります。そのため、投稿にギャップやオチを盛り込むことで、ユーザーの興味を引き、最後まで見てもらえるようにすることができます。

「衝撃！〇〇の真実とは？」
「意外な結末！〇〇のその後は？」
「笑える！〇〇の失敗談」

◆損失回避性

　人はネガティブなことに、強く反応してしまう心理傾向があります。あおり系のLPやウェブ広告の表現で見かけることが多いのではないでしょうか。

「あなた、まだ高い買物をしているんですか？」
「値上がり必至！いま買わないとソン！」
「物件が出ないこの地域では掘り出し物です」

◆希少性

「春キャベツ、入荷しました！」
「このワークショップは、あと10人で満席です」
「賞味期限30分のプリンです」

◆社会的証明

「100万人が選んだNo.1ブランド」

「9割の顧客が満足したパフォーマンス」

「すでに1万人が参加しています」

◆心理的所有感

「あなただけの特別モデル」

「カスタマイズ自由自在」

「あなたオリジナルの仕様にできます」

◆デフォルト効果

「おすすめプランはこちら」

「人気No.1セットはコレ」

「セットで簡単、おトク」

◆確証バイアス

「あなたの選択が正しかったことを証明します」

「賢い消費者の選択です」

◆ピーク・エンドの法則

「最高の思い出づくりに」

「感動のフィナーレがやってくる」

◆権威性

「第一人者から学べる講座です」

「歯科医が勧める歯ブラシ」

理の矛盾をつくキャッチコピー表現

ここまで、さまざまな心理効果やバイアスに基づくキャッチコピーを紹介してきましたが、これらに当てはまらないケースはもちろん、行動経済学的な矛盾を指摘して再考を促す表現を使うケースもあります。

再考の結果、選択肢が変わってウチの商品を選んでくれることを狙う作戦です。

例えば車を買うとき、車種をあれこれ時間をかけて選び、価格もディーラーとやりやって値引きしてもらい、一大決心で購入のハンコを捺します。

ところが「自動車保険も入りますよね」と、担当営業がついでのように出してきた書類にも「ハイハイ」とハンコをついてしまう。

そんな行動の矛盾をつくキャッチコピーはこれです。

「自動車は慎重に選ぶのに、自動車保険は？」

ネットで探せばもっと条件のよい保険もありますよ。車と同じくらい、ちゃんと選んでください。そうすれば当社の商品が有利と気づくはずです、と言いたいわけです。

あるいはバスタブのお湯の浄化装置のキャッチコピー。最近は飲み水に気をつけている人が増えており、ミネラルウォーターを買ったり水道に浄水器をつけたりしている人も多いでしょう。

一方でお風呂のお湯も直接肌に触れますし、口に入ることもある。同じくらい注意を払ってもよいはずなのでは？と問いかけるのがこのキャッチコピーです。

　「飲み水は気にするのに、毎日のお風呂は無関心」

　とくに小さいお子さんがいるお母さんには刺さるかもしれません。需要を創造する、うまいキャッチコピーです。

　テレビCMの放映などで、先に述べた利用可能性ヒューリスティックに基づくブランド力を持つ競合に対して、逆手にとる表現をするなら次のようになります。

　「前と同じ保険でいいですか？」

　あるいは「現状維持バイアス」を逆手にとったキャッチコピーとして「いままでの常識を覆す新製品」「変わらなければ、取り残される」などのアプローチも考えられます。

　その他の思い込みや、行動の矛盾をつく次のような表現例があります。

　「どんな高級ホテルも、ベッドはすべて中古です」

　「パソコン仕事が長い人ほどブルーライトを気にしない」

　「この国にいちばん必要な仕事が、いちばん足りていない」

　「みんなきっとなくなってから言うのよ。

　あそこはよかったって」

　「平和なんて気づかないから平和」

　「子供服は一生モノです。だって写真に残るもん」

コラム **バイアス**

「偏り」があることで売れるもの

先 入観のおかげで人はスムーズに生活できる

バイアスとは「先入観や偏り」の意味で使われる言葉です。ときにそれは偏見であり、思いこみであったりします。イメージはよくないかもしれませんが、もしバイアスを持ち合わせていなければ、実は日常生活での小さな選択ひとつにも不自由することになります。

例えばランチに何を食べるかを決めるときにも、過去の評価を抜きにしてゼロベースで店舗を選び、着席してからもすべてのメニューを検討しなければ注文ができないということになります。

うまいと評判の店があったり、「なんだか今日はカレーの口になっている」という「偏り」が自身にあってこそ意思決定ができ、スムーズな生活が可能になるのです。

バ イアスとヒューリスティックの関係性

バイアスは第1章末のコラムや130ページで書いたヒューリスティック（システム1）と分かちがたい関係性でつながっています。

複雑な判断を直感で処理するためにヒューリスティックが発動されると、そこにバイアス（偏り）が生まれます。

また反対側からいえば、バイアスがあることでヒューリス

ヒューリスティック

- 利用可能性ヒューリスティック
- 代表性ヒューリスティック
- 固着性ヒューリスティック
- 感情ヒューリスティック
- シミュレーション・ヒューリスティック
- デュレーション・ヒューリスティック

ヒューリスティックが
バイアスを
引き起こす

バイアスが
ヒューリスティックを
可能にする

認知バイアス

- 正常性バイアス
- 確証バイアス
- 対応バイアス
- 内集団バイアス
- ステレオタイプバイアス
- アインシュテルング効果

ティック的思考が可能になる。いわばニワトリと卵のような関係性にあるのではないかと考察されます。

　ファストフード店の注文カウンターでは、ついおすすめのセットメニューを選んでしてしまう人が多くいます。

　背後に並んでいる人がいるので短時間で注文しなければならず、また全部を見てから決めるにはメニュー数が多すぎるなど、まさにヒューリスティックの出番だといえます。

　「セットメニューならおトクなはず」「多くの人が頼んでいるから間違いない」などの認知バイアスがはたらいた結果ですが、店舗側が注文してほしいもの（利幅が取れる商品）を選ぶように誘導しているとも考えられます。

　こうした傾向を知っておくことによって、販促に活かすこともできるわけです。

エビデンスは少数でもいい？「生存者バイアス」

生存者バイアスとは、当てはまらない例を考慮せず、成功した例のみを基準にして判断することです。

健康食品などの宣伝で「長生きの人は〇〇を飲んでいたのです！」とよくアピールしていますが、飲んでいても若死にした人はいるでしょうし、飲まないけれど長生きの人もいるはずです。まさに「生存者バイアス」を切り取ったかたちです。

また、テレビ通販番組でゲスト2、3人の「安眠できました」「肩こりが消えた」という感想で「そうなのか！」と受け入れてしまう素直な視聴者はたくさんいます。愛用者の声は多いほうがいいはずですが、少数の声でも信じて買ってくれる人がいるのです。

「その選択は正しい」と言ってほしい「確証バイアス」

Amazonの商品ページを見ると高額商品ほど肯定的なレビューが多い傾向があります。代金が高いのだからいい商品であることは事実かもしれません。

ただし、それに加えて自分が高額を出して購入したものなのだから「高品質だと信じたい」という気持ちで書き込んでいる人もいるでしょう。（※152ページも参照のこと）

このことは、自社商品の購入者に「あなたの選択は正しかった。この商品はこんなに高品質です、多くの人に喜ばれています」という"確認"メッセージを送る理由と似ています。

　メッセージを受け取ると返品やクレームが減少し、リピーターも生まれやすくなるのです。

　根拠となる確証バイアスは自分にとって都合のいい情報のみ受け入れ、反対の情報は軽視する傾向を指します。

　これを、ユーザーの検索履歴などに基づいてウェブサイトが偏った情報を表示させる「フィルターバブル」と、SNSで交流する価値観の近いユーザーが社会全体の傾向と感じてしまう「エコーチェンバー」が助長します。

　ブランドにとっては、彼女たちのおかげでSNSなどでよい情報だけが目に触れ、より熱心なファンになってくれることもあるといえます。

当たらない宝くじを買いつづける 「ギャンブラーの誤謬」

　宝くじに当選する確率は気が遠くなるほど低いけれど、それでも当たると信じて買ってしまう。この心理は低確率を過大評価し、反対に高確率を過小評価するギャンブラーの誤謬です。「実際に当たる人は出るのだから」という確証バイアス、そして「せっかく買いつづけてきたのだから、やめたらもったいない」というサンクコスト効果（※46ページも参照のこと）もはたらきます。

冷静に期待値を考えたら（胴元などが約53%は持ってい く）、必ず損なのですが、そこは考えません。

　反対に航空機の安全性はとても高いのに、事故を恐れて列 車を選んだり保険に入ったりするのです。

　やはり人は、さまざまな場面において、かなりバイアスに 左右されているのだと思わされます。

第3章

価格決定
値札のつけ方一つで利益は大きく変わる！

価格決定は効果的なマーケティング施策であり、収益力の源泉といえますが、実際には多くの値付けが高すぎるか、安すぎるかのどちらかでもあります。

購買者心理に根ざした価格設定ができれば、顧客満足度と売上の両方が向上するのです。

1 高額商品を売るなら 価格を武器にする

ヴェブレン効果

定 義

価格が高ければ高いほど受け取る価値が高まり、購買意欲も高まる現象。

また、高所得層であるほど需要が旺盛になる商品を、「ヴェブレン財」という。

事 例

英国産のスコッチウイスキーは高価なため、料飲店や贈答ニーズで大人気だった。

ところがさまざまな事情により低価格化すると、買いやすくなったにもかかわらず売れなくなってしまった。

 格の高さは品質の高さ

基本的に、人は「価格の高いものは、価値のあるもの」と考える傾向があります。

2種類の栄養ドリンクを飲み比べる実験では、まったく同じ有効成分でも、高額と明示された商品ほど「効き目があった」と被験者は回答しています。

これには「プラセボ効果」もはたらいており、薬品の開発過程でも2つのグループに本薬と偽薬とを服用させ、効き目の差異をデータにとる臨床試験を実施していたりします。

Veblen Effect

　ブランドの価格バランスを考えるとき、最上級ラインを高価格帯に設定することで、全体的な価値観を高める効果が狙えます。

　さまざまな価格帯の商品を提供することは、消費者に対してブランドの幅広い選択肢を提示し、ブランド自体の拡散力を高める戦略ともなるからです。

　例えば「シャネル」といえば「シャネルスーツ」が有名ではあるものの、服やバッグは高額なため富裕層でなければなかなか手が届きません。そこで、小物入れや財布、アクセサリーなどのエントリー商品をラインナップして、まずはシャネル・ブランドに親しんでもらえる層を拡大し、「いつかはバッグを！」と憧れを抱かせて次のファンを育成しているわけです。

「高価格」で話題になって売れる

通販サイトのレビューを見ると、高額商品ほど星の評価が高く、満足度は高くなる傾向にあります。

高額商品は高品質なので満足度が高くなる、ともいえますが、高額なら評価する目も厳しくなるはずです。

それなのになぜ、高評価になるかというと、これには、せっかく高額商品を買った自分自身を肯定したい気持ちが多分に含まれています。つまり、「自分がこれだけの料金を支払ったのだから、よいモノなのだ」と、自身の購買行動を正当化したい心理があるのです。

商品の価格がとても高いために、話題になることがあります。ならば、この「高価格」は「日本一高い〇〇」というキャッチコピーがつくほど突き抜けるほうがよいでしょう。

例えば「日本一高いプリン」を手土産に持参すればインパクトがあります。「日本一高い駅弁」ならば、「2,500円です」というより「25,000円です」としたほうが話題になります。

一時期、高級食パンがブームとなったのも、2,000円ほどで話題の「高級」を味わうことができたからでしょう。

低価格にしてはいけない8つの理由

ではなぜ、低価格にしてはいけないのでしょうか。

値下げすることで価値観までも下げてしまう現象を、「近似ヒューリスティック」と呼びます。

支援先企業にも、「低価格で仕事を受注してもいいことは

何もありません」と下記の理由を挙げて説明しています。

　価格とは商品の本質に含まれるもので、これをいくらにするかという価格戦略は、かの有名な「経営は値付け」という言葉通りに重要なのです。

　低価格にしてはいけない理由を挙げてみましょう。

①利益を出せなくなる

　適正な利益金額を載せて販売できなければ、とうぜん利益を出すことができません。広告費を計上して拡販できれば、生産・販売量が増加してコストダウンすることもできます。

②値引き競争で自社も他社も疲弊する

　適切な利益が得られなければ、従業員の給与や仕入れ先への支払いもできません。安売り競争は限界がなく、勝者はいないのです。

③安モノを売る会社と思われる

　「価格の高いものは価値のあるもの」ですから、「価値の低い商品を販売している」会社と見られてしまいます。

④安モノを求めて客層が低下する

　品質はともかく、価格さえ安ければいいと考える顧客層との取引が増えてしまいます。

⑤価格以外のウリが消え、お客様が価格で他社へ去る

　低価格を理由にして選ばれるほどむなしいことはありません。低価格で買いに来る顧客は、別の低価格を見つけて去っていきます。

⑥値引きしていくと従来の顧客が不満を抱く

　値引きは既存ユーザーのロイヤリティを毀損する施策です。価格戦略ができておらず、価格が上がったり下がったりしていると、せっかくのファンも逃げ出してしまいます。

⑦ 定価で売る努力や工夫が生まれなくなる

　顧客がおカネを払わずにはいられない価値を生み出す努力をしてこそ、企業は永続する力量が生まれます。

⑧クレームが増え、評価まで悪くなる

　支援先企業でよく聞くのは、低価格品のユーザーほどクレームが多いというもの。

　コンサルタント同士で話すときにも低額や無料セミナーの参加者ほど、アンケートの評価が厳しいと話題になります。

　低価格にしても、いいことなど何ひとつないのです。

た とえ社会貢献の姿勢でも

　もちろん子ども食堂のように、無料や安価であることで社会事業となっているような事例も存在します。

　しかし、一方でこんな事例もあります。

　社会貢献のつもりで低価格の玩具をつくりつづけていたあ

るメーカーは、創業社長が高齢化してみると、そのような体質では誰にも事業承継をしてもらえないと気づきます。

そのため、結局はおもちゃを子供たちに届けつづけることができなくなってしまったというケースもまたあるのです。

つまり、適正な利幅を確保することは、ビジネスをつづけていくうえでも大切であり、ひいてはお客様のためにもなるというわけです。

価格が上昇すると需要が増えるパラドクス

価格が上昇するとより多く買われるようになる現象が「ギッフェンのパラドクス」であり、これが当てはまる物品を「ギッフェン財」と呼びます。

例としては、かつてアイルランドでジャガイモが不作になって価格が上昇したとき、逆にジャガイモの需要が増えたケースがあります。主食のジャガイモの価格が上がって家計が圧迫されたため、高価である肉の消費を減らし、その分ジャガイモを買わざるを得なかったのです。

「ヴェブレン効果」の実践テクニック

▶ 高価にしたほうが売れる場合がある
▶ 高価であることがブランドの価値を表す
▶ 値下げすると評価も下がる傾向にある
▶「高価格」が特長になることがある
▶ 値下げは最後の手段だと考える

価格をおトクに感じて もらうには比較を見せる

定 義

最初に提示された情報が、その後の判断に影響を与える現象。

価格への適用においては、先に高めの金額を見せ、判断の基準価格をつくっておくようにすることが考えられる。

事 例

関西で活躍する女性アナウンサー、Sさんは自身の出版パーティを催すにあたり、ドレスと靴を新調することに。

友人のスタイリストに導かれ、某ハイブランドの店舗で靴を見たところ、32万円という金額に驚愕し、別の店で気に入った靴を見るとやはり、20万円以上の値札がついている。そして、次の店に行ったところ17万円の靴があり「安い!」と思い、買ってしまった。

基準価格をつくって価格感覚を操作する

最初に提示された価格は基準となり、あとの価格の判断に影響を与えます。

例えば最初に高額な商品ラインを見せ、その次にリーズナブルな価格の商品ラインを見せると、その商品価格ががぜん魅力的に映ります。これらの選択肢を見せられたことで、お

Anchoring Effect

安い…!

170.000

客様は意思決定がしやすくなるのです。

　仮に、あとから見た商品価格が高いものだとしても、最初により高額な「基準」を見せられているため、それがアンカーとなって相対的に安く感じられるのです。

　これらの「手続き」により、お客様の価格感覚が操作されているといっていいでしょう。

通常価格と割引後価格を比較表示する

　セール価格や割引価格を提示できるなら、より魅力的に演出しなければもったいないですね。

　せっかく値引きするのであれば、元の価格と割引後の価格を併記するなど、消費者が「おトク感」を感じやすい提示形式にしておくべきです。そうすれば、その商品はおトクの度合いに応じて売りやすくなります。

典型的なのは、ディスカウントストアなどで見かける参考価格に二重線が引かれ、下に大きく赤い字で割引後の価格が書かれたPOPやプライスタグです。参考価格や通常価格との比較によって、つい割安だと思ってしまいます。スーパーマーケットでは、夕方以降に値下げシールを貼りますが、こちらもちゃんと元値がわかるようにしています。

　お客様が通常の販売価格を記憶していたり、絶対的な価格感があればいいのですが、決してそんなケースばかりではありません。値引き前の価格が見えるようにしておかないと、「いくらトクなのか」を判断できません。だから、あえて見えるように残すのです。

　Amazonでも、割引率と割引後の価格を明記し、そのすぐ下に元の価格を「過去価格」として表示しています。

　それにより、お客様はいま買えばどれだけ得なのかが、わかるようになっているのです。

見積もり交渉を有利に進める方法

　アンカリング効果を活用することで、見積もり交渉を有利に運ぶことができます。見積もり提示と交渉において、金額プランを複数提出できるときは、やはり高額なものから提示するのです。

　さらに、業界標準価格や他社の価格例を先に伝えておくのも効果的です。その他の留意点を挙げておきます。

見積もり交渉のポイント

- 資材代金や工数などの原価が高額であることを伝える
- 「一式」ではなく、細分化した項目を表記したほうが透明性も高まり、妥当だと考えてもらえる
- 「300万円」のようなキリのよい価格より「3,173,000円」のような「端数価格」だと計算根拠があると受け取られる
- 決定権を持つキーマンとの情報のやりとりや、根回しをおこなっておく
- オプションの取捨選択により、総額を選択できるようにする
- 時間制限を設定する（例「本日中の契約なら5万円引き」など）
- 値引き要求に対しては、きちんとした理由を添えて断る（例「この材料は買い付けることが困難で、価格交渉ができない状況なのです」）

「アンカリング効果」の実践テクニック

▶ 基準となる価格を先に提示しておく

（例）
- 「オススメは80万円の商品ですが、こちらの45万円の商品も人気です」

▶ 割引するときは前後の価格がわかるようにしておく

（例）
- 「通常価格50,000円が、いまなら29,800円」
- 「通常5万円の商品がいまなら30%オフ」

3 イチ推し商品は 中間の価格にする

ゴルディロックス効果

定　義

上・中・下など複数の選択肢がある場合に、真ん中のグレードを選ぼうとする傾向のこと。

事　例

ある総合スーパーで羽毛布団を販売したとき、18,000円と38,000円の2種類を並べて販売したところ、18,000円のほうが売れた。

そこへ、1ランク上の58,000円の商品を追加して並べたところ、今度は38,000円の布団がいちばん売れるようになり、トータルの売上も大きく伸びた。

は真ん中に安心する

人は商品の選択肢が上・中・下となっているとき、真ん中を選びがちです。

真ん中を選んでおけば無難であり、失敗も少ないと考えることは「極端回避性」（日本風なら「松竹梅戦略」）と呼びます。

例えば、レストランのコース料理が3種あり、それぞれの価格が8,000円・12,000円・16,000円だった場合、「12,000円がいいかな」とはならないでしょうか。

Goldilocks Effect

　選択肢の数を最適にしたり、3段階に設定して意思決定しやすくする手法については第1章でも述べた通りです。

　持ち帰り弁当チェーンのオリジン弁当では、当初1種類だけだった幕の内弁当を、520円・699円・799円の3段階に変更しました（※価格は2025年3月現在）。

　すると真ん中の699円幕の内弁当がいちばん売れるようになり、幕の内弁当カテゴリーとしての売上も大きく増加しました。

　基本的に多くの場合において、「ほどほど」を選びたいとお客様は考えています。

　また、最安価格は"オトク"だとしても周りの目もあるので見栄やプライドのせいで選びづらいこともありますし、最高価格を選んでしまったうえで失敗するのはさけたいとも考

えます。

「松竹梅」という枠組みがあるおかげで、極端を回避して真ん中を選ぶことができ、安心できるうえ、満足するのです。

利 幅のとれる商品をおトクに見せるには？

3段階の価格にする松竹梅戦略はお客様が考える時間を短縮することで意思決定が迅速になり、迷うことがほとんどないため売り逃しを減らす効果にもつながります。

もし、「A」を売りたければ、より高い「AA」とより安い「A−（マイナス）」を設定することにより、お客様の選択をコントロールできるのです。

販売する立場は、とうぜんのことながら、「A」には利益率が高いなど、いちばん売りたい商品を置きます。

また、3者の価格差は、2割ていどにするのが適当です。

「AA」に設定した商品はおとり価格ということもでき、割高に見えるためあまり売れませんが、それでもたまに富裕層が選んでくれて、客単価が上昇するおまけもあります。

古 い民話に由来する「ゴルディロックス」

ゴルディロックス効果の「ゴルディロックス（金髪の意味）」とは、英国の古い民話「3びきのくま」*に登場する少女の名前に由来しています。

*『3びきのくま』：3匹の熊が住む留守宅に勝手に入り込んだ少女（ゴ

ルディロックス）が、用意してあった3種類のおかゆやベッドなどの中から、自分にとって「ちょうどいい」ものをそれぞれ選んでいくという話

　株式市場などが過熱も冷え込みもしないちょうどよい相場にあるときをゴルディロックス相場（適温相場）などと呼び、経済でもマーケティングでも中庸のほどよいポジションにあることを形容します。

「ゴルディロックス効果」の実践テクニック

▶ 選んでほしい商品が中央になるよう、
　上下に別商品の価格を設定する
▶ それぞれの価格差は2割ていどに設定する

顧客のリスクをなくして 儲けるにはゼロ円にする

ゼロ価格効果

定　義

無料やゼロ円という価格設定が、少額でも有料の商品と比べて購買数を大きく増やす効果がある現象。

事　例

　ある医師らの調査によると、通院1回の自己負担200円を無料にすると、国が負担する医療費が10%も増えることがわかった。
　反対に、無料からわずかな額でも有料化すると月1回の受診者数が4.8%減少した。

「絶対にソンはしない」ゼロ円の魅力

　人はゼロ円、つまり無料が大好きです。無料が約束されていれば「少なくともソンはない」と考えます。

　例えば、レジ脇に置かれている20円のチョコレートが10円に割引（−10円）になってもあまり購買数は増えませんが、10円が0円（−10円）となると売り切れるまで時間はかかりません。無料は特別な価格なのです。

　「3個買うと4個目は無料！」という販売POPを見かけることがありますが、これは割引率表示で書くと「4個お買い

上げで25％オフ」になります。

　しかし「無料！」というキラーワードを使うほうがインパクトを出すことができるので、先ほどの表現になるのです。このとき、（4個も買って、使う／食べるだろうか）ということは忘れられてしまっているのですね。

「無料ビジネス」はどうやって収益を得ている？

　インターネットには、Google検索や多くの生成AIサービス、ゲームなど、ユーザーがゼロ円で使えるサービスがたくさんあります。

　これらの「無料」ビジネスは、別の方法で収益を得られるようになっています。

　その5つのモデルを見てみましょう。

①課金モデル

一部のヘヴィユーザーが課金することで収入を得るもの。

ゲームにのめり込んだ5%ほどのユーザーが、武器や装備に課金をするというパターンです。ChatGPTを運営するオープンAIも、利用者の5、6%が有料プランへ移行していると発表しています。

②広告モデル

無料に釣られて集まった人に広告を見せることで、広告主から収入を得るもの。

YouTubeやXも広告収入で運営されています。民放のテレビやラジオ放送が無料なのも、CMのおかげです。

③データ収集モデル

サービスを通じてユーザーデータを収集し、それを活用・販売して収入を得るもの。

生成AIサービスの中には、無料でサービス提供をして使用傾向のデータを収集する、研究目的のサイトもあります。

④アップセルモデル

無料サービスを入口として見込み客を集め、関連する有料サービスの販売につなげるもの。

セミナー参加費は無料で、気に入った人が有料コンサルティングを依頼するという、バックエンド方式などがあります。

⑤別途回収モデル

他の商品やサービス、または将来の売上を見込んで提供するもの。

試供品やサンプルが無料で、気に入った人が有料でリピートする商品もあります。カミソリのホルダーを無料で配布し、カミソリの刃を有料で販売して元をとるジレットモデル*は有名です。

かつては携帯電話本体をゼロ円（1円）にして売り広げ、通信料金で回収するという販売モデルもありました。

*製品本体を低価格で提供し、消耗品を継続的に販売して利益を得るビジネスモデル

ユーザー層が高齢化し、将来の売上が懸念される商品では、今後のユーザーになってくれそうな層に、無料サービスを提供してエントリーを促す戦略もあります。

例えばスキー人口の減少をうけ、あるスキー場では、大学生にスキーを楽しむ経験を提供することが大切だと考え、19歳のリフト使用料を無料にするキャンペーンをおこないました。

リ スクがないなら買わない理由がない

お客様がリスクに感じる不安を取り除くことを「リスクリバーサル」といいます。

返品無料として無償の返品や保証を提供すると、「失敗してもいいのだ」という安心感から購入へのハードルが下がり

ます。

　また、「返品可能」と明示すると、商品力に自信があるのだろうとも受け止められるのです。

　お客様は送料無料、送迎無料、来店でピザ2枚目無料などなど、どんなリスク（＝支払い）もさけたいと考えます。

　損失回避の考えからも、「無料」は損失、リスクがゼロというわけです。

　人はドーナッツ1個無料のためにスーパーに来店し、そして結果として他の買物もしてしまうのです。

利幅を確保したいなら「最低価格保証」をする

　ディスカウントストアや家電量販店でよく目にする「最低価格保証」もリスクリバーサルのひとつです。

　「他店より1円でも高い商品があったら値引きします」という宣言です。

　実は、最低価格保証は消費者のためではありません。近隣の店舗間でムダな値下げ競争をするより、利益の出る価格に留めておこうとする暗黙の価格協定、つまりゆるやかなカルテル*なのです。

＊複数の企業が連絡を取り合い、価格や生産量を共同で取り決める行為

　近隣の店が値引きをしていなければ、自店舗も安くする必要はありません。その事情は競合店舗も同様です。

　そのため、その地域で商品価格が高止まりする可能性すら

あります。しかし、買物客は最低価格が保証されているのだから安心だとして買物をしてくれるわけです。

「ゼロ価格効果」の実践テクニック
▶ ゼロ円価格でインパクトを与える
▶ 無料にして収入を確保する方法は何通りもある
▶ 価格競争をさけたいなら「最低価格保証」する

5 売上を安定させたいなら サブスクにする

現状維持バイアス

定　義

　人は変化をさけて現状を維持したいと考える傾向が強いため、現在より好転する可能性が高くても行動できなくなる現象を指す。

　すでに契約しているサブスクリプション（以下サブスク）も、そのまま継続しやすい傾向があるといえる。

事　例

　私の周囲には、現在はまったく使っていない有料アプリの月額を支払いつづけている知人が多数いる。

　私自身も、睡眠の質を高めるとされる乳酸菌飲料の宅配契約をやめるきっかけが見つけられずにいる。

ぜかサブスクは解約しづらい

　サブスクとは、定額制サービスのことです。

　みなさんご存知のNetflixやSpotify、AmazonのプライムサービスやKindle Unlimitedなどはみなそうです。

　このサブスク契約を解約しづらいのは、現状維持バイアスがはたらいているからです。

　給料が安いとグチをこぼしている人ほど、月額300円ていどのサブスクを数多く申し込んでいるのも現実です。

売 上が累積して安定していく

　サブスクのよいところは、クレジットカードや銀行口座からの、自動引き落としなどでの支払いになるため、能動的に支払うというアクションがないことです。

　つまり、痛みを伴う支払いのプロセスを経ないので、買物の実感や罪悪感がないのです。

　しかも、企業や店舗側は定期収入を得られる一方で、申し込んでいるのにほとんど利用しない人もいるため、通常販売よりも低コストで提供することができます。こうしたことから、ユーザーは解約を考えるよりもたくさん使わないと損だと考えて、熱心なユーザーになるのです。

まざまな業態に適用できる

サブスク形態の料金設定はさまざまな業態に使えます。

基本的には、向いているのは費用逓減産業です。つまり、ゲームのようなデジタル系の商品や音楽配信など、イニシャルコストとしての制作費用は大きいけれど、ユーザーが1人増えるたびに発生するコスト（限界費用）は増えづらい商品を扱う分野です。

飲食店やサービス業でもサブスク会員を募ることはできます。

サブスク会員を増やして売上を安定させるコツは、「入らなければソン」というほどのメリットを設定することです。

例えばネイルサロンなら、会員になると施術料が20％引き、好きなときに使えて施術料が半額になるクーポン2枚つきなど。そして、お誕生日にはペディキュア無料などとしておくと、退会を考えたお客様も「もったいないから誕生日までは会員でいよう」と考えてくれたりします。

似た購買形式に、会員に毎回異なる商品を定期的に届ける「頒布会」があります。こちらもサブスクでの支払い設定になっているため、現状維持バイアスがはたらきます。

っとも利益の出る価格に設定する

サブスクリプションが固定料金制であるなら、変動料金制ともいうべき価格体系がダイナミックプライシングです。

ダイナミックプライシングは、商品やサービスの需要と供給に応じて調整をおこなう価格戦略です。

　例えばホテルの宿泊料金なら、平日は安く設定し、土日や祝日およびイベントがある日は高く設定することで、部屋の稼働率と利益を最大化します。

　消費者側も、タイミングに応じて変化する相場価格を思い浮かべて覚悟しているものです。

Iが理想的な価格帯を設定

　配車アプリのUberでは、需要の多い時期に割増料金を適用するサージプライシングという仕組みを導入しています。

　需要が高まる時間帯に価格を上げることでドライバーの供給を増やし、需給バランスを調整する狙いです。

　今後はAIの活用がさらに進んで、もっとも利益が大きくなる料金設定が可能になる一方、ユーザーからは「足元を見ている」というクレームも出てくるかもしれません。

　けれども、AIがそうした人の心情も織り込んだ価格決定をできるようになる日も遠くはないでしょう。

「現状維持バイアス」の実践テクニック

▶ サブスクは解除されづらく、売上が安定する
▶ 飲食店やサービス業でもサブスク設定はできる
▶ 利益を最大化するにはダイナミックプライシングを採用する

6 納得価格に設定するには相場観を利用する

プロスペクト理論

定　義

プロスペクト理論（参照点）とは、利得と損失の判断を分ける上で基準となる点を指す。

価格設定への応用により、消費者の行動に影響を与えることができる。

事　例

コンビニや自販機で120円などで売られているエビアンを、スプレー缶に入れて「化粧水」として販売すると、中身はまったく同じなのに化粧水の相場価格に近い1,600円で買ってもらうことができる。

「参照点」を応用して価格を決定する

消費者は、商品やサービスの価格が高いか安いかを判断するとき、「相場価格」を基準にします。

この相場価格とは、過去の買物経験やほかの類似商品の価格などから導き出されるものです。

世の中には定まった大まかな価格が決まっている商品があり、「慣習価格」とも呼ばれます。

これは、ある業界において習慣的に設定されてきた価格帯がある場合に、それに倣って決められる価格のことです。

例えば書籍の価格、自動販売機の茶飲料、コンビニのおにぎりなどのように、消費者の意識の中にほぼ定着している価格が当てはまります。

こうした相場価格を把握し、うまく応用すれば、お客様に納得してもらえる価格設定ができます。それには5つの方法があります。

①参照点を把握する

特定商品のグレード別の平均値が基準ポイントともいうべき参照点＝相場となります。

ここをしっかり把握していれば、「慣習価格」に従った適切な価格設定ができます。経験やカンだけに頼らず、直近のデータなども参考にして相場価格を把握してください。

新興国の格安品やネット通販などの個別の戦略により、価格はつねに変動しているからです。

　新商品・サービスのパフォーマンスを考慮し、相場価格に対してどれくらいの設定であれば、市場に受け入れられるかを決定してください。

②参照点をズラす

　参照点から安い方向へ効果的に移動させていくやり方です。おトクであるとの認識が高まり、割安と思われて購入意欲を刺激することができます。

　例えば、深夜のテレビ通販番組をイメージしてください。

　プレゼンターが新型掃除機を紹介し、吸引力の強さやゴミ捨ての容易さ、斬新なデザインなどをアピールしたとします。

　よいタイミングでゲストのタレントが「私は旧型を5万円で買ったんですよ」と言い、別のタレントは「新型だから6万円はしますよね？」と質問する。

　ここで、この新型掃除機の参照点は5万〜6万円になりました。

　それに対してプレゼンターは「いいえ！今回、がんばりました。なんと税込み3万9800円でのご案内です！」と声を張ります。とうぜん、ゲストたちは「安〜い！」と声をそろえます。

　さらにプレゼンターは「下取りの掃除機があれば、壊れていても1万円でお引き取りします」と宣言するのを受けて、

ゲストは「じゃ2万9800円ってこと?! 3万円を切るんですね!」と驚いてみせます。

たたみかけるようにプレゼンターは「いまなら、こちらの充電台もお付けして、お値段そのまま!」。つづけて「12時間以内にお電話いただければ、送料無料でお届けします!」。

ここまで言われると、視聴者はどんどん安くなると感じて、思わず電話を手元に引き寄せてしまうのです。

参照点(当初の相場価格)が提示されたことによる、フレーミング効果(※100ページも参照のこと)が発生したといえるでしょう。

③参照点を新たにつくる

まったくの新規商品である場合、見込み客は参照点、つまり相場観を持っていません。そうなると、参照点を創造してしまえばいいということになります。

例えば「エナジードリンク」が市場にはじめて登場したとき、それまでにはなかった商品カテゴリーであったため、250ml 260円という価格で販売されていました。

当時、120円ていどで売られていた一般の缶ドリンクと比べ、特段の内容成分が含まれているわけではないといわれながらも人気商品となりました。

やがて追随商品も参入し、一つの新規市場として受け入れられたのはうまく参照点をつくったからでしょう。

サイクロン式掃除機や高級炊飯器なども、それまでの一般製品の市場価格とは一線を画す、数万円も上積みした価格で発売されました。

　それだけの価値があると専門家やマスコミも推奨しており、"別次元"だと思わせる戦略がとられたのです。

　こうした戦略を成立させるためにはポジショニングも重要です。

　花王のシャンプー「セグレタ」は、ふつうの商品が350円ていどのところへ1,000円で市場に登場しました。

　このときのポジショニングは、シャンプーではなく「化粧品」というものでした。

④参照点を揺さぶる

　消費者が持っている相場観を、揺さぶってわかりづらくするという手法もあります。

　例えば、保険商品や携帯電話などのプラン価格はあまりにもフクザツで、カンタンには理解ができません。

　とくに携帯電話では、通話分数やデータ使用量は事前にはわかりません。そうなると、なんとなくこのくらいなら払えるという決め方になってしまうのです。

　第1章の「心理会計」でも説明したように、人は大きな買物を決めた直後や、買物カゴがいっぱいになると、感覚がブレてきます。

　そのため、コンビニのレジ脇に置かれた和菓子をついで買

いしたり、住宅メーカーから勧められた生ゴミディスポーザーをよくわからないままに購入したり、ウェディングプランナーに「これくらいが適正です」と断定されて8万円のお花を予約したりするのです。

⑤参照点を上下させる

スーパーなどが価格を上げたり下げたりすることで、お客様の注意を引く手法です。

赤字覚悟の価格にして集客する「ロスリーダー価格戦略」によりついで買いを誘い、お買い得の店舗であるとの認知を広げます。

また、お客様にとって値下げはあまり気にならないが、値上げには敏感に反応するというのがプロスペクト理論的な考え方です。

そのため、値上げは少しずつ、値下げは大きく実行することが効果的であるとされています。

「プロスペクト理論（参照点）」の実践テクニック

「参照点」を応用して価格を決定する
▶ ①参照点を把握する
▶ ②参照点をズラす
▶ ③参照点を新たにつくる
▶ ④参照点を揺さぶる
▶ ⑤参照点を上下させる

7 お値打ち価格に見せるには大台を超えない

端数価格

定 義

商品価格の末尾を端数にすることで、安さやおトクさを感じてもらい、購買意欲を刺激する効果を狙うもの。

事 例

　動画配信サイトのNetflixは、2024年に料金改定をしたが、端数価格をかたくなに守っている。

　そのために、解約者数はわずかにとどまっている。

　値上げすると大台を超えてしまう990円のベーシックプランは新規受付が終了となった。

Netflix料金 （2025年3月時点）
広告つきスタンダードプラン790円→890円
ベーシックプラン　990円→新規受付終了
スタンダードプラン　1,490円→1,590円
プレミアムプラン　1,980円→2,290円

「端数価格」なら財布をひらいてもらえる

　スーパーやディスカウントストアでは、ほとんどの商品の値付けが端数価格になっています。端数価格とは、198円、980円、29,800円などのようなキリのわるい値付けです。

　これは、消費者が左端の数字に注目する傾向があるという行動経済学の知見によるものです。

　つまり、1,980円と2,000円とでは20円しか変わりませんが、「イチキュッパ」のほうは大台を超えていないので、「千円台の商品」と脳が解釈してくれます。
　そのため、2千円台の商品より購買意欲をそそるのです。

　さらに、50円の値上げをする場合、930円の商品を980円にするのはOKなのですが、960円を1,010円にするのはダメなのです。
　北米では2.99ドルや9.99のように末尾が「9」になっている売場が多いようです。

もともとは店員の横領予防のために、レジを打たせる必要性からはじまったのですが、いまや多くの小売業者がプライスタグに端数価格を採用しています。

　そして反対に、高級商品は50,000円や200,000円のようなちょうど価格で売られていることが多いのです。

価格商品はズバリの金額のほうが安く感じる

　サイゼリヤは価格改定にあたり、端数価格を逆に活用しました。

　それまで多くは399円などの端数価格でしたが、これを変更して、300円、400円などキリのよい価格にしたのです。

　結果として客単価が1割以上アップしました。

　これは値上げ効果と、来店客が合計を計算しやすくなり、注文が増えたことによるものです。

　もともと低価格イメージが強い同チェーンだからこその成功といえるでしょう。

　会計時にお釣りを渡すことも減ったので、業務も効率化したのではないでしょうか。

　またセブン―イレブンでは、定期的に「おにぎり全品100円」キャンペーンを実施します。

　仮に、おにぎりが120円なら「2割引キャンペーン」として販売しても割引率は同じように感じますが、実際は96円になるのでより安価になります。

　しかし、感覚的には「2割引」と言われるより「100円」

と言われたほうが安く感じてしまうのです。

ミスタードーナツの「ドーナッツ全品100円キャンペーン」も同様の効果を狙っているものと考えられます。

デフレの期間が長かったこともあり、多くの人が販売価格を気にしているはずなのですが、どうして消費者はこうも大雑把で感覚的なのでしょう。

そもそも人は金額や数字に対して、それほど正確に把握していないという現実があります。

ここで、クイズです。

お値段クイズ

バットとボールを一緒に買うと1,100円です。
バットの値段がボールより1,000円高いとすると、
ボールの値段はいくらでしょう？

解答は次のページに ▶

知人の中古車売買サービスの経営者は、「クルマを買うときに金利がかかることを気にしない人が多い」と言います。

実際、3人に1人は9.8%もかかる金利を気にしないというデータがあります。

クルマの購入金額は100万円単位になりますから、その金利もバカになりません。本来は銀行や信用金庫などで低利で借りて現金払いをすれば何十万円も節約できるのですが、そうする人が少ないのです。

また、あるJR駅地下のカレー店は、日にちを決めて300円引きでカレーを出していたので長蛇の列ができました。来店客は30分以上も並ぶのだそうです。

　一見、賢い節約術のようですが、30分かけて並ぶその人の時給はいくらなのかと心配になります。冷静に考えたら、並ぶ選択肢はないでしょう。

　つまり、人はおカネのことをしっかり考えているようで、そうでもないのです。

お値段クイズの解答

ボールは50円、バットは1,050円です。
つい、ボールを100円だと思ってしまいますね。
　〈計算式〉
　　xをボールの代金として
　　x＋（x＋1000円）＝1,100円
　　　　　　　　　2x＝　100円
　　　　　　　　　 x＝　　50円

観やデザイン・表記が行動を導く

　飲食店で飲食する客単価は、居酒屋は安く、高級レストランは高いものです。そして、それは店舗インテリアにも現れています。

　居酒屋の店内は気取らず雑然としていますし、高級レストランの内装は凝っています。それは、「うちは安いよ（高い

ですよ）」というサインになっているわけです。

　またレストランのメニューブックには、「＄」、「¥」マーク、「円」表記を入れないほうが客単価は増えるという研究もあります。

　つまり、「1,800円」ではなく「1800」としておくのです。

　本当に微妙なことですが、こうした小さな積み重ねを実施していくことが商売なのだと思います。

　以上のことはアフォーダンス理論（※120ページも参照）または「シグニファイア」と定義されるもので、外観やデザインが直感的に人の行動を促すはたらきをするものと解釈されています。

　ウェブサイトの導線デザインや申し込みボタン、プロダクト・デザインなどに応用されています。

「端数価格」の実践テクニック

▶ 低価格を訴求したい商品は198円などの端数価格にする

▶ 低額商品の割引キャンペーンはズバリの金額を打ち出す

▶ レストランのメニューには「円」や「¥」マークを入れないほうが抵抗感がうすれる

▶ 高級志向の商品はむしろキリのよい価格にする

8 全員が受け入れる価格を知るには客観分析する

PSM分析*

定　義

商品やサービスの価格感度を調査して、適正価格を特定する分析手法。「どれくらいの価格なら購入するか」などを聞き取り、受け入れられる価格を明らかにする。

＊PSM=Price Sensitivity Measurement

事　例

岩手県陸前高田で和菓子の大福を商品開発した6次産業の事例では、価格決定に際してPSM分析を活用。

分析結果に従って値付けをおこなったところ、新発売直後のJR駅ポップアップ出店で200個を完売した。

（※出典：農研機構東北農業研究センター・安江紘幸氏の論文）

4 つの質問から最適価格を明らかにする

PSM分析とは、お客様の感覚に寄り添うことで、受け入れられやすい商品価格帯を知ろうとする手法です。売上や販売数量を最大化する価格を求めることができます。

とくに、類似品のない新規性の高い商品に対するお客様の価格感を知るうえで有効です。また、既存商品の価格を見直す際にも、もちろん活用できます。

PSM分析は質問によってゾーンを狭めるように回答を引

き出すので、通常のマーケティング調査で「この価格なら買いますか?」というアンケートをとるよりも的確であるとされています。

　手順としては、まずターゲットに相当する属性の人に商品の説明をし、購入意向について次のような質問をします。

質問項目

Q1 あなたはいくら以上だと「高い」と感じますか?

Q2 あなたはいくら以上だと
　　「高すぎて買えない」と感じますか?

Q3 あなたはいくら以下だと「安い」と感じますか?

Q4 あなたはいくら以下だと
　　「安すぎて品質に不安がある」と感じますか?

質問により得られた定量回答で、曲線グラフを作成します。すると、4つの質問から4つの曲線が描かれます。それらが交差した点により、4つの価格ポイントが得られます。

4 つの交差点で適正価格ゾーンができる

　これら4つの価格ポイントは、それぞれ次の性質を表しています。

① 上限価格

　どれほど品質がよくても、これより高いと購入されない価格。何か特別のプレミアム性があるか、まったくの独占市場であれば可能。

② 妥協価格

　お客様が「これくらいはしょうがない」と妥協する価格。トップシェアを持っている会社はここに落ち着く。

③ 最適価格

　「高すぎる」と「安すぎる」の心理的抵抗感が最小になる価格。顧客にとっては理想的だが、会社としては採算がとれるかどうかが問題。

④ 下限価格

　これよりやすいと品質に不安を感じるため、買わなくなる。セールであればありえる価格で、販売量は増えるが利益は増えないことも。

以上の4つの交差点でできた幅のなかで価格を決定すれば、受け入れられる価格設定ができることになるわけです。

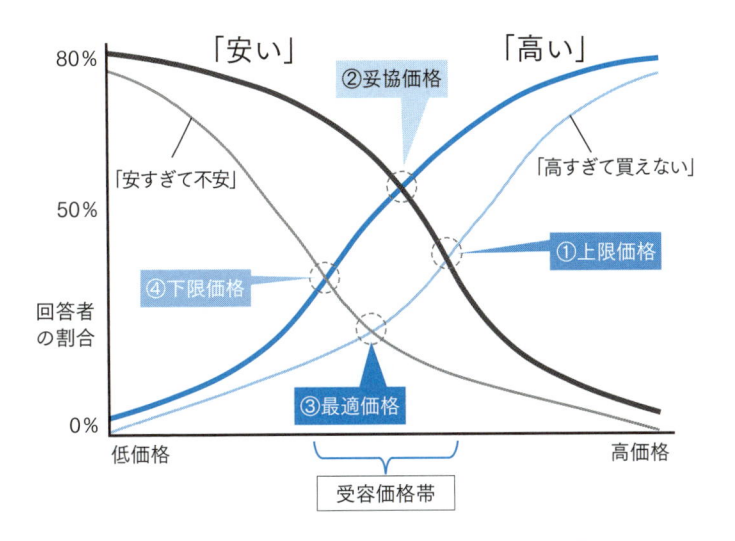

「安い」　「高い」

80%

②妥協価格

「安すぎて不安」　「高すぎて買えない」

50%

①上限価格

④下限価格

回答者の割合

③最適価格

0%

低価格　高価格

受容価格帯

「PSM分析」の実践テクニック

▶「この価格なら買いますか？」というアンケートより、ＰＳＭ分析は現実的な結果が得られる

▶「妥協価格」と「最適価格」の2点の内側で価格を決定すると受け入れられやすい

▶ 適正価格は実際にその価格で販売して検証する

 値下げの有効性を知るには商品のタイプを調べる

価格弾力性

定　義

商品の値上げ・値下げが消費者の心理にどれくらいのインパクトを与え、需要がどう変化するかを示す数値。

（例）
価格を10%値上げしたときに需要が10%減少する商品の価格弾力性は「1」であり、5%減少するなら「0.5」となる。

事　例

　家庭用ゲーム機は新発売から年数が経過したり、新機種が出ると従来機種は値下げがおこなわれていた。
　しかし、商品の性質として価格弾力性が低いことがわかり、任天堂Switchは値下げをしていない。
　一方、SONYのプレイステーション5は材料費高騰などにより2度にわたって値上げをしている。ゲーム機市場のシェアが安定化していることもあり、それぞれ売上に対する影響は限定的となっている（2025年3月時点）。

の商品は値上げしてもいいもの？

　価格弾力性が大きい商品は、値上げすれば需要が減り、値下げすれば需要が増えるという反応を市場が見せます。反対

に、価格弾力性が小さい商品は値上げ・値下げをしても需要が変化しにくいことになります。

　原則として価格弾力性は「1」を基準としており、「1」を超える商品は「価格弾力性が大きい」となり、「1」未満の商品は「価格弾力性が小さい」と判断されます（※計算方法については、192ページを参照のこと）。

　自社の商品の価格弾力性が大きいなら、戦略的に値下げをする道も選べます。反対に価格弾力性が小さいなら、値下げをしても思うように売上は伸びないため慎重に考えるということになるでしょう。

> ### 価格弾力性の計算方法
> 需要の変化率÷価格の変化率
> （例）
>> サラダ油を5%値上げしたら、売れ行きが2%下がった。
>> 計算式　2÷5=0.4
>>> →サラダ油の価格弾力性は0.4であり、「1」より低いため、価格弾力性は小さい。

価格弾力性が大きい商品

・宝飾品、ブランド品、不動産、クルマ

・洗剤、食用油、文房具

・海産物などの食品

……贅沢品、嗜好品、趣味性の高い商品、買い置きができる商品、代替品が多い大衆向け商品、不要不急のものなど

価格弾力性が小さい商品

・トイレットペーパー、ティッシュペーパー

・医薬品、米・野菜など食料品、燃料、定番衣料品

・医療など付加価値の高いサービス

……日用品、生活必需品、競合が少ない商品、BtoB商品など

消費者心理に刺さる価格決定法

　価格決定にはそのほかにもさまざまな考え方、手法があります。以下に、行動経済学の心理効果を応用した価格設定の方法について説明します。

①バンドル価格

　マクドナルドで、ポテトやドリンクをセットにして販売するセット価格などです。昔ながらの日本の定食屋さんも、ライス、味噌汁、漬物などをセットにした価格設定ということができます。

　ゲーム機本体と定番ソフトのセット価格販売や、お正月の福袋なども同様です。もともと一緒に買われることの多い商品をまとめて提案する、クロスセルとも似た価格設定です。

　バンドル価格には、客単価をアップさせ利益率を高める効果があります。

②プライスライニング価格

　商品ランクごとに価格を設定し、予算に応じた選択をしやすくする手法です。

　プレゼント品やお歳暮の商品がバラバラの価格で並んでいると、決定する条件を当てはめて選択することがむずかしくなります。

　これが3,000円・5,000円・10,000円のラインにまとめられていると、「では5,000円から選ぼう」と選択がシンプルになり、意思決定のスピードを早める効果があります。

③均一価格

100円均一や300円均一などの価格設定により、価格で悩ませないようにする手法です。

とくに100円ショップは商品企画が洗練されており、買物客が「これを100円で買えるのか！」と驚くような商品が供給されるようになったことで大ブレイクしました。

プライスライニング価格を、さらに単純化させたものということもでき、買うべき商品の選択がとても容易になることが特長です。

④ポイント付与価格

値引きをしない代わりにポイントを付与する方法です。

ポイントは、付与した店舗やグループ・提携店舗以外では使用できないことがほとんどなので、「値引き分」をまた自店舗で使ってもらえます。これには、再来店を促す効果もあるのです。

また、現金値引きよりポイント付与のほうが、実は販促に貢献する度合いが高いとされています。ある流通店舗の調査によると、1%の現金値引きの販促効果が3.3%であったのに対し、1%のポイント付与は12%の販促効果をもたらしたといいます。

さらに、使われずに死蔵される（値引きせずに済む）ポイントも相当にあるでしょう。

くわえて、厳密にいうと10%分のポイント付与は、9%の割引にしかなりません。

※1万円の買物に1,000ポイントを付与したとき、次回の来店でポイントを使うことまで含めると、「1万円＋1,000円分」の商品を1万円で購入したことになります（この場合の割引率は約9%）。

　ポイント失効のお知らせメールが、買物のきっかけになることは先に書いたとおりです。しかも、このメールは売り込みなのに、親切にしてもらったと感じてしまいます。

「価格弾力性」/「消費者心理」の実践テクニック

▶ 値下げによる販促が有効な商品とそうでない商品があるので注意が必要

▶ 「バンドル価格」はセットによる値付けで客単価を上げることができる

▶ 「プライスライニング価格」は予算に応じた意思決定を迅速にする

▶ 「均一価格」は商品選択を容易にして買い控えを防ぐ

▶ 値引きに代わる「ポイント付与」には店舗にとってメリットが多い

プロスペクト理論

ソンはトクの2倍もつらい

はどんなときギャンブルに走る？

　「プロスペクト」（prospect）とはもともと「見通し」や「展望」を意味する言葉です。

　MLBでprospectといえば、「有望な若手選手」を指します。ドラフト3巡目以内で指名され、3年目あたりにメジャー昇格したような選手でしょうか。

　行動経済学におけるプロスペクト理論は、「人は損失を回避する傾向があり、状況によってその判断が変わる」という意思決定に関する理論であることは、先にも述べた通りです。

　この理論を提唱したダニエル・カーネマンは2002年にノーベル経済学賞を受賞しています。典型的な質問例を次ページに掲載します。考えてみてください。

　質問に対するすべての選択肢における期待値*は「100万円」なので条件は同じです。

　けれども多くの人は、質問1では手堅くAを選び、質問2になると今度はBのギャンブルに走ってしまいます。これらは実験結果で実証されている事実です。

＊確率を計算に入れたとき、結果として得られる数値

各問の選択肢から1つを選択してください

● 質問1　あなたには2つの選択肢が提示されています。

選択肢Ａ：100万円が無条件で手に入る。

選択肢Ｂ：コインを投げてオモテが出たら200万円が手に入るが、ウラが出たらゼロ円。

● 質問2　200万円の借金を抱えているあなたに2つの選択肢が提示されています。

選択肢Ａ：無条件で負債が100万円減額される（負債は100万円残る）。

選択肢Ｂ：コインを投げてオモテが出たら借金は棒引きになるが、ウラが出たら借金はそのまま。

にかくソンだけはしたくない

プロスペクト理論によれば、人々は利益を得るよりも損失を避けることを切望します。つまり利益は確実に選ぶくせに、損失はなんとしてでも消したいために不確実な道を選んでしまうのです。

これは、人にはプラスとなる利益を逃すリスクは回避したい、さらに抱えている損失は解消したいという傾向（損失回避性）があるということです。

このように人は無意識のうちに「損しないことがいちばん大事だ」と思ってしまう傾向があります。そのため、金額の損得と釣り合わない意思決定をしてしまうことになるのです。

　もう少しわかりやすい、身近な例を挙げてみます。

　あなたは勤め先のビンゴ大会で4等が当たり、現金1,000円をもらってラッキーと思いました。

　また別の日、今度はポケットに入れておいた1,000円札をどこかで落としてしまいました。

　いかがでしょうか。1,000円をもらったのはうれしいけれど、それより「収入の一部である1,000円を失ったときのショックのほうが大きい！」と感じるのではないでしょうか。

〈失う恐怖と得る喜び〉

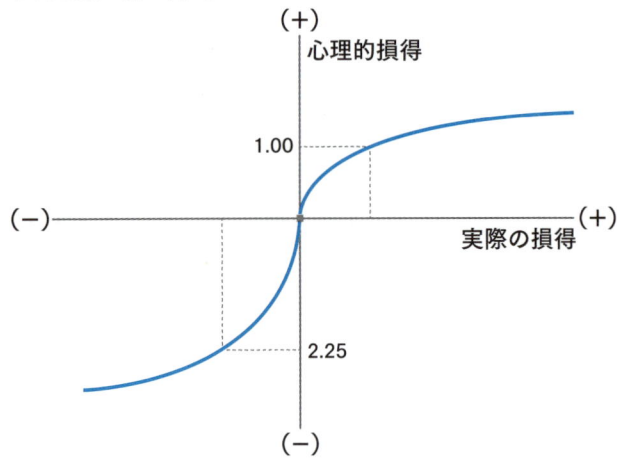

失う恐怖は得る喜びの 2.25 倍

198ページのグラフでは、実際のおカネの損得（ヨコ軸）に対して、心理的な喜び/がっかり（タテ軸）の比例は一定ではないということ（点線のハコが正方形と長方形で異なる）が表現されています。

この長方形の長辺と短辺の比率は1対2.25。つまり、1,000円を得る喜び1に対して、1,000円を失うことに対する"恐怖"は2.25倍になるのです。

こうした心理作用を販売促進に活用するには、「損失」を目の前に置いて、それを回避したいという心理を刺激するべきだということになります。

例えば、「期間限定割引！　明日から通常価格に戻ります」や「今日だけ！愛蔵版ノベルティ付き」「在庫限り　次の入荷は不明」といったキャンペーンやメッセージを提示することで、消費者に「いま、買わないと損をする」という心理をかき立てて、購買を促すと効果的なのです。

第4章

ブランド化

長く愛される商品を育てるにはココに着目する！

行動経済学は目先の効果を上げるだけではなく、長くファンに愛されるブランドとなるためにも活用することができます。

企業やブランドの価値を確立し、ブランドロイヤリティを高める手法について解説します。

ファンを固定化するには統一イメージを発信する

一貫性の原理

定 義

人が一度明言したことや態度、信念などを変えずに貫き通そうとする心理。

事 例

Apple 社は、シンプルで洗練されたデザイン、直感的な操作性などのブランドイメージが一貫しているため、多くのファンからの熱烈なブランドロイヤリティ（銘柄忠誠度）を獲得している。

い情報だけ信じる「確証バイアス」

一度、ブランドの信奉者（しんぽうしゃ）になってもらえると、仮にその食品の味が変わっても美味しいと思いつづけてもらえるようになります。

確証バイアスがはたらくことで、ファンは自分の考えに近い情報以外を排除してしまう傾向があるためです。

そして、ウェブ上などでブランドに関連する情報に注目してくれるようになります。

あるブランドを意識するようになった結果、ブランドロゴやパッケージカラーを頻繁に認識するようになる現象を、「バーダー・マインホフ現象（頻度錯覚）」と呼びます。

　これは、気になることはなぜか目につくようになるという現象です。

　例えば、何か「赤」い商品が必要となったら、なぜか周囲で赤いものが増えたように感じるのです。

「赤 といえば〇〇〇です」

　コカ・コーラは「赤」を目印としたカラーリング、躍動感あふれるデザインなど、一貫して共通のビジュアルアイデンティティでイメージ展開をしています。

　「コーラ」が飲みたいとなると、人は思わず店頭や自販機の前で「赤」を探してしまうことが多いのです（カラーバス効果）。

　こうしたカラーイメージは財産ともいうべきもので、長い時間をかけて刷り込まれるイメージを築くのは大変です。

顧客に信頼されるには一貫した発信を

そのため、自社やブランドのビジュアルやカラー、メッセージを決定したら、商品やパッケージのデザイン、ウェブサイト、フライヤー、広告、店頭などあらゆるタッチポイントで、一貫したブランドメッセージを維持する必要があります。

支援先企業のなかには自社のコーポレートカラーに飽きて、カタログの基調色や展示会ブースのテーマカラーを変更しようとするところがあります。

ところが顧客のほうは飽きていないどころか、記憶すらしていないのが現実です。

何年も何年も根気よく使いつづけてはじめて「この色はあの会社だったのか……？」と気づくていどなのです。

反対に、イメージのギャップによる効果を狙う手法もあります。

なんとなく堅いイメージを持たれているBtoB企業が、リクルート目的の広告などで柔らかい表現をするのは、意外性によって強い印象を受ける心理効果を狙っています。

これは「ゲインロス効果」と呼ばれるものです。

ブランドで時短と価値観共有を

あるブランドが一貫して高品質な製品やサービスを提供していると感じると、ユーザーはそのブランドを選びつづける傾向があります。

人間の脳はできるだけ効率的に情報処理をしようとする傾向、つまり手抜きをしようとします。特定のブランドに傾倒していれば、毎回新しい情報を処理する必要がなく、既存の知識や印象を活用できるため、認知的負荷が軽減されるので好都合なのです。

　さらに感情的なつながりも、ブランド認識に影響を与えます。顧客は、自分の価値観や信念に共鳴するブランドに親近感を抱きます。
　例えば環境意識の高い人は、持続可能性を重視するブランドに好意を持つでしょう。このような感情的な結びつきは、消費者の忠誠心を高める要因となり得ます。
　ブランドの一貫性は顧客との信頼関係を築き、ブランドロイヤリティを高めるという長期的な成功をもたらすのです。

「一貫性の原理」の実践テクニック

▶ 企業はあらゆる接点で統一表現を発信しつづける
　（発信側は十分と考えても顧客には浸透していない）
▶ 顧客はブランドの一貫した発信の姿勢を評価する
▶ いったん信じると顧客は長く信奉者になってくれる
▶ ブランド浸透は顧客の時短に貢献する

2 ユーザーを本気にするなら小さな同意からはじめる

コミットメント

定　義
責任をもって関与したり、約束をすること。

事　例

ダイエットアプリのNoom（ヌーム）では、ユーザー本人にダイエットの目標設定をさせること（コミットメント）でダイエットの継続を促進し、多数の利用者を定着させている。

お 客様にコミットしてもらう効果

人は、公言したことや他人に約束したことは実行しようとする傾向があります。商談も例外ではありません。つまり、お客様が自ら意志の表明（コミットメント）などをすると、そのあとの購買行動につながりやすくなります。例えば、試食をしてもらった際に「もっと食べたい！」という言葉を引き出せれば、それが小さいながらも"コミットメント"となり「なら買わなくちゃ」となって購入してくれたりします。

コ ミットメントからコミュニティ形成へ

また、最初は小さな関わりやコミットメントであっても、

そこから一定数のお客様との関係性が深まるケースもあります。やがてはコミュニティサロンのような、企業からの一方的なコミュニケーションだけではない、交流の場が育っていくかもしれません。

　三重県の苗木販売店「花ひろばオンライン」では、草花を購入するというより、販売店が主催する"部活動"に参加することで顧客層が形成されています。苗を購入して「学園レモン部」に「入部」したお客様同士が育成の知恵を共有したり、収穫の報告をする「部活動」を楽しんでいるのです。
　こうなると、たとえ最初は小さなかかわりであろうと、結果的には単なる店舗と買物客という関係性ではなくなりますし、極端にいえば「売るもの」はなんでもよいのではないかと思います。

居 場所がある安心感という価値を提供

　人は、同じ価値観を共有する仲間や居場所を求める傾向があります。企業として運営するウェブサイトやSNS上などで、ユーザー同士が商品の活用アイデアを発表したり、使用写真を投稿するような場ができると、よりブランドへのロイヤリティや購買意欲が高まるのです。

　お客様と真正面から向き合い、付き合うという覚悟を持つことは、リスクもありますが、同時に本物のロイヤリティを築くうえでの強力な武器となります。

　お客様参加型のロイヤリティプログラム*を組み、最初は小さな参加や約束、意思決定を促し、段階的に大きな参加へと導いていく前提として、お客様が購入前に安心して商品選択できるよう、商品やサービスに関する詳細な情報を提供し、「よくある質問と回答」をウェブサイトに掲載し、消費者の疑問を事前に解決できる態勢が必要です。

　そして参加意欲を高めるために、当初は参加者やシェアしてくれたお客様へ限定品やサンプル品などの報酬を提供するのもよいでしょう。

*顧客ロイヤリティプログラム：企業が顧客に対して長期的な関係を築き、リピート購入を促進するために、特別割引などを提供すること

●顧客ロイヤリティプログラムの主なツール例

- アンケートの実施

  →ユーザーニーズを把握する

- サンプル品・体験版の供与

  →有用性を体感したポジティブな感想をもらう

- 事前予約

  →有利な条件提示により購入を促す

- 会員制度

  →特別な情報提供や定期的な購入を促す

- 顧客参加型イベント

  →ブランドとの一体感を感じるような企画の開催

  （例：コンテスト、ユーザー生成コンテンツ）

「コミットメント」の実践テクニック

▶ 試食やサンプルで「美味しい」「使いたい」との言葉を引き出す

▶ ユーザーに「いいね」やコメントなど小さな行動から促す

▶ ユーザーの声を拾い、インサイトを知る

▶ 商品のユーザーコミュニティをつくる

▶ ユーザー参加型のキャンペーンをおこなう

市場に愛されたければ革新はほどほどにしておく

スキーマ理論

定 義

ものごとの一般的な知識や感覚を指す概念。

事 例

ペプシコ社は、1992年に「クリスタル・ペプシ」という無色透明なコーラを発売した。しかし、「コーラとは黒いもの」という一般の概念（スキーマ）とかけはなれた「透明なコーラ」は、違和感がありすぎたために人気が出ず、1年で生産中止になった。

革新的すぎると受け入れられない

一つの時代をつくるような商品は革新的であることがほとんどです。しかし、革新的すぎて受け入れられず、消えていった商品もたくさんあります。従来品とあまりにもかけはなれた新商品は、お客様が抱いている既存の概念と整合性がとれず、理解しようとする努力を投げ出してしまうとされているからです。

「既存の概念」とは、私たちがすでにあるモノに対して抱いているイメージのことで、「スキーマ」と表現されます。

新商品が「既存の概念」の内側、または近くに位置していて受け入れられることを「スキーマ一致効果」と呼びます。

　これは、当たり前すぎても興味を喚起できず、異なりすぎても理解がされづらいため、ほどよい革新性が必要ということになります。

　行動経済学には、革新的な新商品が消費者に受け入れられる確率は4分の1ていどである、という研究もあります。

先 駆者は労多くして功少ない

　米国の発明家、ディーン・ケーメンらによって開発された「セグウェイ」も、専門家からは高い評価を得ながら、結局は市場に定着せずに生産終了になりました。この商品も、革新的すぎて定着しなかったといえるでしょう。

　こうした現象には、「キャズム理論」[*]もはたらいていると考えられますが、何歩も先のブレイクスルーを達成したような新製品は市場定着がむずかしい、ということになります。

*キャズム理論：新機軸の商品が市場投入された際、初期の購入者（16%）以上へ普及していくためには、越えるべき大きな溝があるとする考え方

最初に市場投入することは尊いのですが、意外と先駆者は失敗しています。

ネットの世界で、ウェブブラウザは先駆者のモザイク（NCSA）ではなくインターネットエクスプローラーが主流になりました。

検索エンジンは Yahoo! ではなく Google、SNS は Friendster ではなく Facebook、音楽配信は Napster ではなく Spotify が主流になりました。いずれの分野においても、先駆者の得られた成功の果実はささやかなものに終わっています。

先駆者に市場を耕してもらい、違和感を背負ってもらったのちに、欠点をなくした二番手商品を投入した会社が成功したともいえるわけです。

リッジを入れて慣れてもらう

新たな商品が成功するためには、ユーザーが違和感に慣れるための「ブリッジ」があるとよいのかもしれません。

19世紀に自動車が発明されて市場へと投入されたとき、なかなか馬車にとって代わることができませんでした。

そこで発売されたのが、ホーシー・ホースレス（馬なし馬車）で、クルマの前部に馬の頭部がデザインされていました。

いまとなってはばかげた商品と認識されていますが、当時

の消費者意識を変える中間的存在としては役に立ったのです。

ノベーションのジレンマという罠

「イノベーションのジレンマ」*を知っているでしょうか。発売した商品に不具合が出た場合、企業には責任問題が発生します。それなら、平凡な従来品を改善しておけば特段の手柄もないけれど、失策もないわけです。

*イノベーションのジレンマ：企業がある技術で成功し、その延長線上で
　品質改善を重ねることに集中しすぎた結果、別の革新的な技術開発へ
　の転換ができない状態を指す

パナソニックではルンバのような自動掃除ロボットのアイデアを、ルンバが発表されるよりかなり早い時期に考えつきましたが、「それがタンスにぶつかって乗せている仏壇（！）が振動し、ロウソクが倒れて火事になったらどうするんだ」と役員が反対し、世に出なかったという話があります。

「スキーマ理論」の実践テクニック
▶ 革新的すぎる新商品の投入はさける
▶ ブリッジとなる商品の投入も検討する
▶ イノベーションのジレンマに留意する

ブランド価値を活用する
なら拡張のルールを守る

定 義

新たな商品を購入したことによって、それに合わせてほかの物も購入したくなる心理作用。

事 例

英ダイソン社はサイクロン式掃除機で成功し、画期的な商品開発をするブランドとして認知された。

そして、そのイメージを活かして空気清浄機やヘアドライヤー、ヘッドホン、照明など、商品ラインアップを拡張。ファンから機能とデザイン性を高く評価されて売上を伸ばしている。

気に入ったブランドで満たしたい

あるブランドを購入して信頼感を抱いたお客様が「ディドロ効果」によって、ほかの物も同じブランドでそろえたいと考えることは少なくありません。

例えば、購入したバッグを気に入ったお客様は、そのバッグに合うように他の服やアクセサリーも同じブランドでコーディネートできるように買い替えたくなるのです。

このように、ブランドが一貫したメッセージやビジュアルアイデンティティを持つことで、消費者はそのブランドに関

Diderot Effect

連する他の製品にも興味を持ちやすくなります。

　ブランド価値を活用、拡大していくうえで、ブランドエクステンション（拡張）はもともとの認知度を利用して新商品を手にとってもらうこともでき、有効な戦略となります。

エ クステンションの成功と失敗の分かれ目

　ディズニーはアニメ映画制作からスタートしましたが、やがてテーマパーク、ホテル、グッズ、クルーズ船、動画配信サービスなどへとビジネスフィールドを広げています。

　いずれもディズニーブランドによって認められた価値やコンテンツによって成功しています。

　ソニー銀行やソニー生命保険も同様で、SONYブランドなら信頼できる、という消費者の判断を引き出すことに成功しています。多くの場合、ブランドエクステンション*にはメ

リットを見込むことができます。

＊ブランドエクステンション：既存のブランド名を活用して新しい製品やサービスを展開するマーケティング戦略

> **ブランドエクステンションのメリット**
> ・もともとのブランドの認知が別の形でも広がる
> ・認知されたブランドパワーを新商品でも利用できる
> ・新規市場でも成功確率が高まる
> ・既存ブランドとの相乗効果が生まれる可能性がある

　一方、デメリットとしては、ブランドエクステンションをすることでブランド価値が希薄化し、せっかく構築したブランドアイデンティティが劣化する可能性があることが挙げられます。新商品の質が低い場合にも、従来商品を含むブランド全体の価値が毀損してしまいます。
　失敗の要因の一つとなり得るのが、方向性の間違いです。

のエクステンションは上位か下位か

　下位概念へのブランドエクステンションはよいのですが、その逆はNGなのです。
　例えば、タリーズの店舗で抽出して提供されるドリップコーヒーを、コンビニなどで販売する缶コーヒーにするのは手にとりやすくよいのです。
　　〇 タリーズ→BARISTA'S BLACK

　スターバックスもインスタントコーヒー商品を展開してい

ます。

　反対に、缶コーヒーで人気になったブランドで本格的なコーヒーチェーン（上位概念）を展開しようとしてもむずかしいでしょう。むしろ、新しい別ブランドをゼロから立ち上げたほうがよいくらいです。

　上位概念へ挑戦したケースとして、スーパーマーケットブランドが百貨店を開店し、失敗した事例があります。

×イトーヨーカ堂→ロビンソン百貨店

　新商品が成功する確度を高めたければ、既存ブランドを拡張する方法が有効です。その一方で、ムリに上位概念のビジネスへ展開したり、たとえ下位概念の分野であっても「なんでもやる」のでは効率がわるくなりますし、ブランドコンセプトもブレて、本家のブランド力まで削がれてしまうことになります。

「ディドロ効果」の実践テクニック

▶ あるブランドを購入して気に入ったお客様は
　ほかの物も同じブランドでそろえたいと思う

▶ ブランドエクステンションは
　新商品の成功確率を高める

▶ 上位概念をさけ、下位概念へ展開する

▶ 多方面に展開しすぎるとブランド価値が希薄化する

顧客満足度を高めるには"手間ひま"を訴求する

デュレーション・ヒューリスティック

定 義

サービスを評価する際に、その内容や質の高さよりも「時間」や「手間」をどれだけかけてくれたかによって判断してしまう傾向のこと。

事 例

ある神社で新刊のご祈祷を受けた私の友人である著者は、神主さんが現れるまで長く待たされたが、その間に神様への想いを巡らせることができたため、ご祈祷のありがたみが増したように感じられた。

間をかけたものは価値があり高額になる

ピカソを象徴する、次のような有名なエピソードが伝えられています。

ありあわせの紙に描いたスケッチに100万ドルの値をつけたピカソに、「たった30秒で描いたのに高すぎる」とファンが指摘すると、「いいえ、私の30年と30秒がかかっているのです」とピカソが答えるというもの。

実際は、別のアーティストの逸話だとする説もあるようですが、マーケティングにも長けていたとされるピカソがいか

にも言いそうなことですね。

　そして、「30秒で描いただけなのに」とファンが不満を抱く気持ちもよく理解できます。

　このように、かかった時間や手間ひままで評価を変えてしまう認知の傾向をデュレーション・ヒューリスティックと表現します。

　人は時間や手間ひまをかけたものは尊いものであり、高額を支払う価値があると感じるのです。そのため、あなたのブランドも、制作の手間や歴史の長さを強調することで人の心をつかむことができます。

　ブランドは一日にしてならず、なのですから。

時 間の流れにこそ価値がある

先に挙げた事例を詳しく説明します。

私の友人である著者に付き添って著書のベストセラー祈願と重版御礼を兼ねて東京・文京区のN神社にご祈祷を受けに行ったときのことです。

受け付けを済ませたあと、本堂内に招じ入れられてから神主さんが現れてご祈祷がはじまるまで、畳の上で10分以上は待たされました。

その間、非日常の空間に座って静かに待っているので、霊験に思いをいたしたり、神様にすがる想いや感謝の念が胸の中で行き来します。

自分自身と向き合うような時間の流れがあってこそ、このご祈祷のありがたみが増すというものです。

つまり、これは神様の尊厳を演出する上で必要な時間経過だったというわけです。逆に、この時間がなかったら、おそらくありがたみも風情もそれほど感じなかったに違いありません。

何 時間も煮込んだカレーなら美味しい？

一方で、時短ビジネスというカテゴリーもあります。この場合は、速さにおカネを払うものです。

ハンバーガーが待たずに出てくる。ネットで注文した商品が翌日には届く……。

つまり、サービスの内容によって速さに価値を見出したり、時間や手間ひまをかけることにありがたさを感じたりするわけです。

　時間の演出を取り入れる際には、この相違を考えることが重要です。

　カップラーメンは一部をのぞき熱湯を注いで3分間待つことがルールです。ところが、実は「1分間」でも美味しい製品はできるといいます。

　ではなぜ3分間なのか。

　それは、1分ではありがたみがなく、適度に待たされたあとに「ようやく食べられる」感慨には短すぎるからです。

　カレーやおでんでも、「3日間も煮込んでいる」と聞かされたら、美味しいに違いないと期待値が高まるでしょう。

　多くの人が時給で働いていますし、タイパ（タイムパフォーマンス）が問われる現代だからこそ、「時間」は納得できる評価軸ではあります。

「デュレーション・ヒューリスティック」の実践テクニック

▶ 手間や時間のかかっていることをアピールする

▶ ブランド価値には歴史の重みも大きく関わっている

▶ 自身の商材では時短と手間のどちらが価値をもつカテゴリーかを判断する

6 ロイヤリティを深めるには "一見さんお断り"にする

定 義

禁止や制限をされると、かえって関心が高まり実行したくなる心理作用。

事 例

通販化粧品ブランドの「ドモホルンリンクル」は、「はじめての方にはお売りできません」と購入を禁止することで逆に興味を引き、試してみたいという欲求を刺激している。

商品の高品質を印象づける効果にもつながり、結果的に長く購入しつづける固定ファンをつかむことに成功している。

購入を禁止されると逆に買いたくなる

お客様を囲い込み、長くファンでいてもらうためには、まず顧客層を意義のあるカタチで絞り込むことが有効です。

そのためには「禁止」表現によるフィルタリングをおこなうことも一つの手法です。

ゲームの「モンスターストライク」では「モンスト絶対やるなよ」というキャッチコピーを採用してファンの心をつかみました。

　禁止・制限はストレスになり、反発してこれを破りたいという欲求が強くなるのです。先に述べた「心理的リアクタンス」にも近い心理的作用です。

　そして、それを乗り越えたお客様は強いロイヤリティを抱きやすくなり、絆を強めることにつながります。

高いハードルほど越えてみたい

　会員制クラブや完全予約制をうたうレストランなども、同様に禁止表現でロイヤリティを深めています。京都の老舗料亭のように、「一見さんお断り」とハードルを高くすることによりブランド価値を上げているのです。

　それも上品に「申し訳ございません、お受けしておりませんので……」などと言われると、なんとか会員になりたい、来店したいという欲求を刺激して「スノッブ効果」を生みま

す。

　もちろん、こうした店舗は価格も高く、それは「ヴェブレン効果」にも通じます。

　サロンやセミナーなどで「有料会員以外の方はご参加いただけません」などと制約を設けると、コンテンツの魅力を強調できるうえ、有料会員への申し込みも増えることが望めるため一石二鳥になります。

断れば断るほど依頼意向が高まるサービス

　私はグッドデザイン賞の受賞支援コンサルティングをしていますが、依頼申し込みをいただいた企業の対象プロダクトが受賞レベルに達していないと感じることが多くあります。

　「これは応募できる段階ではないのでは」と考えたときは、無料で改善点のアドバイスのみを電話で伝え、支援はお断りします。

　その会話のなかで、あれこれお断りの言い訳をすることになるのですが、伝えれば伝えるほどコンサルティングを依頼したいという相手の意向が高まってしまうことがあります。

　これなども、禁止・制限する姿勢が逆に依頼したいという思いを刺激してしまうケースでしょう。

消すと広がるSNS炎上の法則

　ここ数年、企業のSNSアカウントでは「中の人」の活躍が目立っていますが、反対に炎上してしまうケースもあとを絶ちません。

「投稿するアカウントを間違えた」などの単なる誤投稿もありますが、多くの炎上は「やりすぎ」た投稿です。

　個性的なキャラクターをアピールしてフォロワーを増やしたいため、つい"攻めた"投稿をしてしまうことが原因です。

　せっかく企業イメージを高めようとして運用しているSNSですので、慎重に投稿したいところです。

　炎上したときには、真摯に対応しましょう。炎上の対応としていちばんよくないのが「削除して逃亡」することです。

　必ず誰かがリポスト済みであったり、"魚拓"*をとっている時代です。炎上するような投稿をしてしまったときは削除する前に素直に謝罪し、再発防止策を掲示するべきでしょう。

　それをせずに削除だけすると、逆に燃え広がってしまうのがSNSの特性です。炎上の拡散によってブランド価値が毀損することがいちばんよくありませんので、くれぐれも注意してください。

*魚拓：記録のためにスマホなどの表示画面のキャプチャーを撮ったもの

「カリギュラ効果」の実践テクニック

▶ 購入や来店を禁止すると逆に欲求が高まる
▶ 禁止のハードルを設けることでファンの足切りができる
▶ SNSの炎上投稿を見られないように消すと逆に拡散する

7 低コストでブランド化するなら メディアに証言してもらう

社会的証明

定　義

社会で広く認められ、多数派によって評価されているものを安心して受け入れる心理的傾向。ソーシャルプルーフともいう。

事　例

介護用品や水泳用品を製造・販売するフットマーク社は、全社員数が56人のところ、広報部署に4人も配置してプレスリリース発信に注力している。

とくに会長の言葉に対するセンスが高く、「介護」という言葉をつくったほか、新聞やテレビが取り上げたくなるようなキーワードを発信し、メディア露出の多さを誇っている。

葉の力でメディアに取り上げられる

事例に挙げたフットマーク社は、小学生が水泳の授業で使用するカラー帽子を開発し、全国の小学校へ販売した会社です。

近年では「ランドセル症候群」というキーワードで、重すぎるランドセルが子どもたちの発育に与える影響について警鐘を鳴らし、メディアに何回も取り上げられています。

　親御さんにとって深刻な現実としての「ランドセル症候群」というキーワードを紹介してもらったうえで、弊社ではその解決のために軽いバッグを開発しました、とうまく連動させています。そのおかげで、同商品はコピー品を生むほどのヒット商品になっています。

ブランドの信頼はおカネでは買えない

　ブランドは、広告などに大金をかけたからといって構築できるものではありません。

　第三者からの評価など、社会的な証明があってこそ、お客様は評価し、信頼し安心して購入してくれるのです。

　そのためには、とうぜんのことですが大前提として評価に値する高品質な商品がなければなりません。

そして、自社としても企業のウェブサイトや広告表現など
を通じて、正しい情報を啓蒙していくことにも心を砕かなけ
ればなりません。これら3つの要素がそろってはじめて、ブ
ランド構築は推進されるものだと思います。

ブランド構築の3要素
・約束した高品質を守りつづける
・第三者からの評価
・自社の適切な情報発信

　また、ウェブ上に限っては相互に関係し合う「トリプルメ
ディア」のはたらきを意識する必要があります（下記図版）。
　SNSなどのソーシャルメディアが生活に欠かせなくなっ
た今、それを活かすことで、ブランド力がますます強化され
るからです。

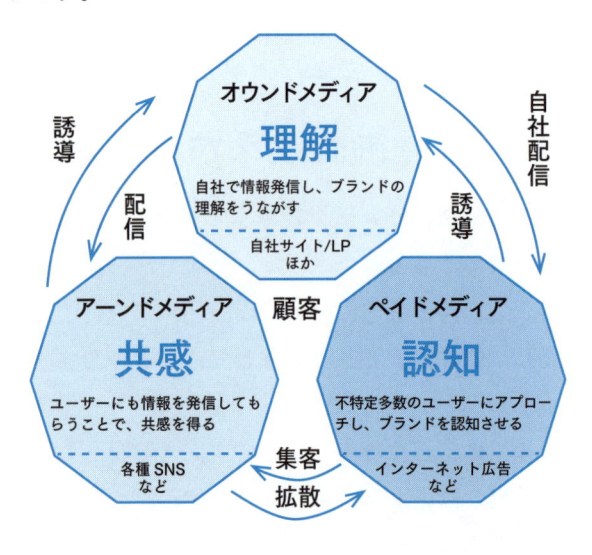

プレスリリースに注力する

　新聞や雑誌、テレビなどによる紹介は、情報を当事者から
ダイレクトに発せられるよりも第三者を介して伝えられるほう
が信頼されやすいという、社会的証明かつ「ウィンザー効
果」の典型例です。

　メディアでの紹介・掲載は、放送時間や面積などのスペー
スを純粋な広告掲載に換算すると3倍以上の費用対効果があ
るとされます。

　その3倍以上の費用対効果こそ、まさにウィンザー効果に
よるものです。「メディア」という第三者が評価をし、保証
をしてくれるのですから、効果的なのです。

　近年は、多くの企業がプレスリリース発信の効果に気づ
き、積極的に取り組んでいます。一度や二度の空振りなどに
屈せず、力を入れるべきでしょう。

　プレスリリースは「送ること」が主眼なのではなく、「送
りつづけること」が大切なのです。

「社会的証明」の実践テクニック

▶ ブランド構築は、「高品質の約束」「第三者の評価」
「適切な情報発信」の3要素が欠かせない

▶ ウェブでは「オウンドメディア」「ペイドメディア」
「アーンドメディア」の3つの軸を意識する

▶ プレスリリースに注力する

自然に顧客を巻き込みたいなら仕組み化する

ナッジ理論

定 義

自発的な行動を促すような環境を構築しておくことで、顧客の行動や選択を自然に誘導する手法のこと。
「ナッジ」とはヒジで軽くつつくという意味。

事 例

食品関係の展示会で試食をおこなったとき、「試食して終わり」ではなく、試食に使用したピックをブース内の"評価ボックス"に投票してもらう仕組みを実行。

ナッジ理論の活用により、自然にブース奥に入って説明パネルを見ながらの会話につなげることができた。

社会からビジネス課題の解決にも利用できるナッジ

吸い殻でサッカー選手への人気投票をさせてタバコのポイ捨てを減らしたり、トイレの男性用便器にハエのイラストや標的のシールを貼って周囲の汚れを低減させたケースがナッジ理論を活用し成功した例として挙げられます。

これらは、ショッピングモールなど商業施設内での清掃コストを削減するために活用できるのではないでしょうか。

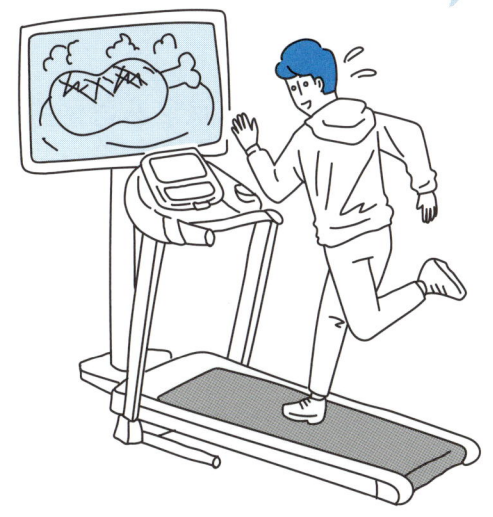

　また、新型コロナウイルス感染症が流行していた時期、阪神タイガースはローマの「真実の口」風のオブジェを球場に設置し、「本当の阪神ファンなら手を入れるとアルコールが出ます」と表示。

　積極的に消毒しようとする人を増やすことに、スマートな方法で成功しました。

　こうした事例は、ビジネスにおいてキャンペーン応募数を増加させるためなどにも活用できるのではないでしょうか。

　商品や価格プランの選択肢と、得られるメリットを紐づけて理解してもらうことも一つの手法であり、「マッピング」と呼びます。

　例えば、スティーブ・ジョブズが「iPodを買えば1,000曲を入れられる」とアピールしたプレゼンテーションや、

LED照明に替えると電気料金が年間でいくらおトクになるなどの説明が該当します。

ッジをブランドに活用する考え方

ブランディングやコミュニケーションのためにナッジを活用する方法をいくつか挙げます。

自然なカタチでお客様の行動を変えてもらうなど、押しつけがましくない方法で、気づいたらリピートしていた、ファンになっていた、となることが理想です。

①誘導化

「デフォルト効果」などにより、おすすめの選択肢に自然に誘導できるように設定する。

- 断れないオファーやインセンティブで誘引する
- 目線の高さなど売場で目につきやすい場所を確保する
- 視線誘導を意識してPOPの位置、商品メニューに、「おすすめ」「2万人以上が受講した人気講座」など選びやすくするメッセージを提示する
  ⇒例えば、「日本酒の利き酒会」のような無料試食・試飲の機会を提供する

②明快化・可視化

お客様が商品理解や選択、購入方法で迷わないよう、わかりやすさ、可視化を心がける。目印の色彩、アイコンを固定化する。

- UI（ユーザーインターフェース）デザインを明快にしておく

  ⇒例えば、通販サイトでカートに商品を入れたのに買わない人を減らすため、余分な要素は表示しない
- 深く考えずに購入できるよう、わかりやすい推奨プランを用意しておく

  ⇒例えば、ウェブサイトから離脱したり、店内で迷ったりしないように明快な案内をする
- メリットを図解してボリュームをグラフ化したり、数値を進捗バーに置き換えて表示する

  ⇒例えば、ポイントが貯まるのをゲーム感覚で楽しめるように旅行マップにする

③適時化

　ちょうどニーズが顕在化している適切なタイミングを見計らって接点を持てるように計算しておく。

- 広告をクリックしてもらいやすいよう、ウェブ閲覧履歴に応じてパーソナライズされ、タイミングの合った情報を配信する

  ⇒例えば、手帳の広告なら切り替えを検討する11月、12月に露出する

  ⇒例えば、ビジネススキル研修は新入社員が学ぶ時期である4月開催に向けてセールスをする

  　講師サイドとしては、自分の専門性と時事トピックとを掛け合わせた切り口で講演テーマを組み立てる

④物語化

お客様の背中を押してくれる企業のストーリーを発信する。ブランドの物語や創業者の苦労話を伝えることで、共感を呼び、愛着を深める。

- 購入によって社会貢献できることを伝えて共感を得る
  ⇒例えば、購入量によって寄付がおこなわれるなど
  「あなたの選択が地球を救います」や
  「これで〇〇kgのCO_2削減に貢献しました」などの
  メッセージを伝える
  （事例）ミネラルウォーター「ボルヴィック」の
  「1ℓ for 10ℓ」キャンペーン*など

*ボルヴィックを1ℓ購入すると、アフリカに住む人びとに10ℓの清潔で安全な水が供給されるキャンペーン

⑤極小化

小さなステップからユーザー、そしてファンになってもらうロードマップを描く。

- 商品購入のハードルを下げる
  ⇒例えば、無料サービスやモニター価格でのサービス体験を促す
  （事例）高額な高吸水性タオル「エアーかおる」のお試し半分サイズのバスタオルなど

ッジはポジティブでなければ効果を発揮しない

ナッジの活用法を考え出すことはカンタンではありません

が、これまで紹介したような手法や、次に挙げるフレームワークなどを利用して案を出してみてください。

成功例に共通しているのは、ポジティブな仕組みであること。これを心がけてアイデアを考えましょう。

ナッジのフレームワーク　EAST

Easy：メッセージは簡潔に表現する

Attractive：魅力的なメリットを提示する

Social：社会性を示す

Timely：適切なタイミングで伝える

ッジでコストダウンにつなげる

サントリー「伊右衛門」はラベルフィルムを外してリサイクルに出してもらえるよう、ラベルフィルム裏面に占いを印刷しています。占いを見るために、キレイに剥がしてリサイクルに出す人が増えました。まさにナッジ理論の好例といえます。

「ナッジ理論」の実践テクニック

▶ ナッジは社会課題だけでなくビジネスとも相性がよい

▶ メリットを明快に伝えるマッピングを意識する

▶ ナッジ活用には5つの視点がある

▶ ナッジの発想はフレームワーク「EAST」で考える

9 顧客の本音を知るには言葉より行動を見る

行動観察

定　義

マーケティング調査を実施する際、顧客の行動を観察する手法。アンケートやインタビューなど言葉の回答に依拠すると間違えがちだが、行動はウソをつかない。

事　例

　自販機を保有する飲料メーカーが、自販機で商品選びをするときのお客様の視線をアイトラッキング調査*した。
　それまでは左上からＺ型に視線を動かすと考えられていたものが、実は最下段の左から右を眺めている時間が長いことがわかり、そこへ注力商品を設置することで売上の２割アップに成功した。
*アイトラッキング調査：視線計測。人の視線の動きを追跡・分析する調査方法

葉は当てにならないから

　マーケティングセンスを持っていると評価されている経営者は、「マーケティング調査は当てにならない」と口をそろえていいます。

　あなたも仮に娘さんがいたとして、その大切な娘さんから、恋人にどれだけ魅惑的な言葉をささやかれたかを聞かされようと、「で、そいつは実際には何をしているんだ？」と

Behavioral Observation

行動を問うのではないでしょうか。

　また、マーケティング調査でウソを答えてしまう人がいるのも行動経済学においてはよくあることです。

　もちろん、グルイン（グループ・インタビュー）に呼ばれた被験者の人も、決してウソをつこうとしているわけではありません。しかし、ホンネを語るわけでもないのです。

　それには、思いつきで評論家風のサービスコメントを述べるケースや、購買力について見栄を張ったり、周囲に同調して意見を述べることを控えたりするような要因があります。

「何を言うか」ではなく「どう行動するか」

　また、お客様は商品を無意識に購入していて、深く理由を考えているわけでもありません。

そのため、「なぜこれを選んだのですか？」と訊くと、「健康にいい成分が入っているから」とか、「価格が安い」と答えてはいるもののそれはあとづけで、実際は惰性で買っていたり、どこかで見た広告を憶えていて無意識に手が伸びたり、という理由だったりします。

　こうした行動の背景にあるのが行動経済学の刷り込みであるともいえます。だから、言い訳のような理由づけを聞いても意味はなく、ただ単に行動を見たほうがいいのです。行動 "調査" 学ともいえるでしょう。
　とくに直感で購買決定、衝動買いされるような商品の場合、熟考で出した施策の結論を適用してもズレて行き違いになってしまうわけです。

ンケートでも行動を問うことができる

　基本は、行動を見たり、記録、分析することです。
　お客様は商品をどのように使ったり、操作を間違えたりしているのか。これをビデオカメラによる長時間の定点観測で捕捉する。あるいは店頭で、どのように手に取り、買ったのか、棚に戻したのかを観る。

　しかし、通常のアンケートや質問調査をする場合でも、質問内容の工夫によって行動を探ることができます。
　「好み」や「考え」を訊くのではなく、行動の事実として「何を買いましたか？」「（先週は）どこに行きましたか？」を問うのです。

例えば、中高年に好みのカフェチェーンを訊き、「そこを選ぶ理由はなんですか？」という質問をしたとします。

　すると「安いから」「場所が便利だから」という、現実的な答えが返ってきました。しかし、ここで質問を変えて、「では、最近1週間に利用したカフェを教えてください」と訊くと、矛盾した回答になったりします。つまり、安くもない、遠い場所へ足を伸ばして利用していたりするのです。

　その動機を掘り下げて訊いていくと、実は「安くてオヤジ趣味のカフェ」は嫌いで、「高いけれどおしゃれな店」が好みという本当のホンネつまり「インサイト」が明らかになったりします。

　衝動買いだけでなく、バッグや靴、ドレス、スポーツカーのような、使い勝手だけが選択基準ではない商品も同じです。夜の繁華街にはホステスさんを連れてドレスや花を買う店舗がありますが、こうしたお店での買物に熟考系の判断力（システム2）がはたらく余地は小さいといわざるを得ませんね。

「行動観察」調査の実践テクニック

▶ アンケートやインタビューによる「言葉」の調査ではホンネがわかりにくい
▶ 「言葉」ではなく「行動」を調べることで、人のインサイトに近づくことができる

コラム 非合理的経済人
あるときは誰でも非合理的？

行 動経済学の影響が強く出る人を見極める

　行動経済学の影響を受けやすい人とそれほどではない人がいます。

　感情に流されやすい人や過去の経験を重視する人、情報を直感的に受け止める人は影響を受けやすいといえます。

　反対に、論理的な思考のクセがついていたり、複数のソースから情報を収集して客観的な評価ができる人、自己制御が強く感情に左右されにくい人は影響を受けにくいといえます。

　また、経験豊富な人は合理的な判断を下せると考えられる一方、ある特定分野での経験が豊富であればあるほど、その分野における判断は経験に基づいてはいるものの、その人の直感的なものになりがちというパラドクスもあります。

柔 軟な思考の人ほどナッジにハマる

　若年層は新しい情報を受け入れやすく、反対に高齢者は過去の経験に基づいた判断を重視する傾向があります。

　ナッジ的な誘導に関して述べると、柔軟な人は新たな視点を受け入れやすいため、ナッジ的な提案を受け入れやすい面がありますし、反対に頑固な人は決めたことを貫く傾向があ

るため、ナッジ的な提案を受け入れない傾向があります。つまり、柔軟な人ほどナッジ理論が作用するという、意外な側面もあるのです。

○行動経済学の影響を受けやすい人の傾向

　直感的、感情的な意思決定・迅速な意思決定を好む、強い信念や価値観を持つ、新しい情報に抵抗がある、リスク回避的、保守的、衝動的、短期的な満足を重視する、同調性が強い、社会的承認を重視する、メディアの影響を受けやすい、個人的経験を重視する、物質主義的な傾向、物語を好む、パターン認識能力が高い、損失に敏感

○行動経済学の影響を受けにくい人の傾向

　論理的思考・批判的思考能力が高い、メタ認知能力が高い、慎重な性格、専門知識を持つ、オープンマインド、科学的思考を重視する、リスク選好、起業家精神が強い、計画的、長期的な目標を持つ、独立心が強い、統計的思考ができる、客観的データを重視する、実用主義的、感情的愛着を形成しにくい、ランダム性を受け入れられる、リスク中立的、確率論的思考ができる

　ただ、実際、日々の意思決定は、複数の効果が複合的に作用して起こることが多いのが現実です。

　それに寝不足や疲れている状態であったり、時間に追われていたり、同じ人であってもTPOが異なれば、より強く行動経済学的な影響を受けることもありえます。

男性脳と女性脳で異なる反応

　では、男性と女性では、異なるのでしょうか。ジェンダーフリーの時代に地雷的な話題だと思いますが、男性脳、女性脳という考え方もあるといわれます。

　——女性から相談を受けた男性が解決策を授けようと一生懸命にアドバイスしても一向に刺さらない、女性はただ耳を傾けて共感してもらいたいのが希望である、というようなズレがあるのだと。

　とはいえ、女性の社会進出が進んでいることもあって、思考や意思決定における男女の境界は曖昧になっています。

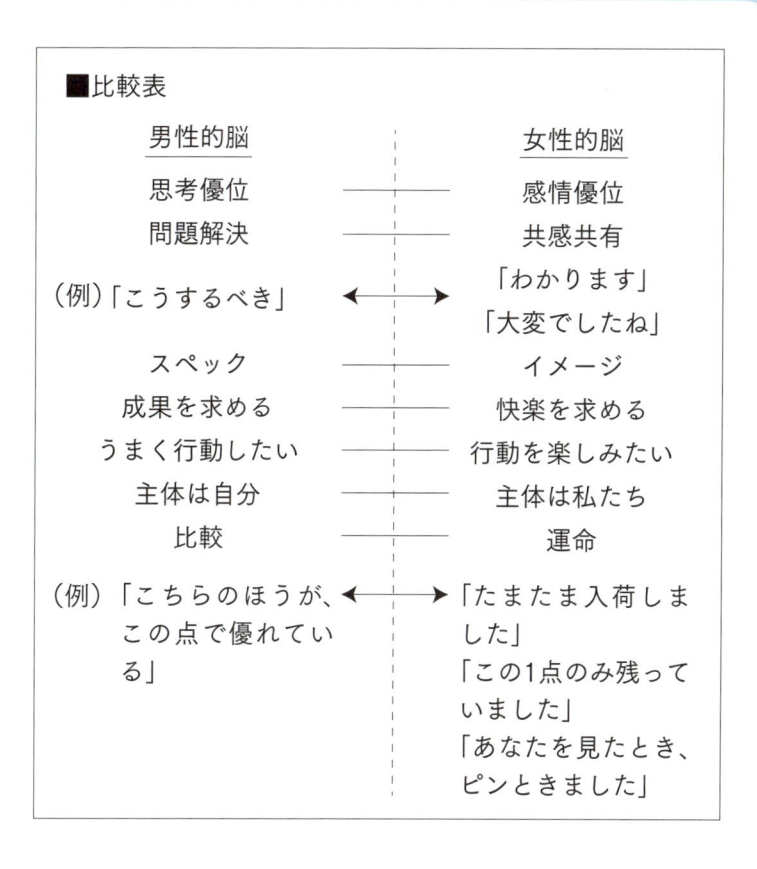

■比較表

男性的脳		女性的脳
思考優位	——	感情優位
問題解決	——	共感共有
（例）「こうするべき」	←——→	「わかります」 「大変でしたね」
スペック	——	イメージ
成果を求める	——	快楽を求める
うまく行動したい	——	行動を楽しみたい
主体は自分	——	主体は私たち
比較	——	運命
（例）「こちらのほうが、この点で優れている」	←——→	「たまたま入荷しました」 「この1点のみ残っていました」 「あなたを見たとき、ピンときました」

あと何年かもすれば、「男性脳」と「女性脳」という分け方は、過去の話となるのかもしれません。

おわりに

◎自分に行動経済学を当てはめて行動しよう

私がフリーランスとして独立し、新しいオフィスに複合機を入れたいと思ったときのことです。

光学機器メーカーの販売会社に勤める大学時代の友人に連絡をしたところ、すぐにこちらに来てくれることになりました。

事務所に現れた友人のプレゼンは思い返しても非常に巧みでした。緊張感を和らげ、衝突が起こりづらくリラックスして話しやすい私から見て斜めの位置に座り、すすめている機種の操作性がわるい点についても言及。

さらには話が佳境に近づくにつれて接近することで、心理的距離をつめてきました。

ここまではよくある話なのかもしれません。しかし、極め付けはその翌日の電話連絡でした。「おすすめの機種は在庫がないらしく、発注順で……」というではありませんか！

◎私はよいカモだった？

「人気の機種なのか……、早く注文しなければ導入の時期が遅れてしまう」、そう焦った私は他社の検討も済んでいないのに「じゃあ、いま注文するよ！」と思わず電話口で告げていました。

——その翌日。複合機はすんなりと納入されたのです。

ここで私も気づきました。これこそ行動経済学を応用した社内営業研修のテクニックを、友人がすべて駆使した結果なのだと。

　いまとなっては笑い話ですが、友人の巧みなテクニックに乗っかり、あっという間に高額な複合機のリース購入を決めてしまった（「急いで買わなくちゃ！」と思わせ、"合理的意思決定"をしてしまった）私は、とても操縦しやすい"お客様（カモ）"だったというわけです。

　「習った行動経済学に基づいたセールステクニックを友人にも使ってくるのか」と苦笑いするとともに、あらためてその効果を評価せざるを得ませんでした。

◎行動経済学の効果には矛盾もある？

　私の実例のみならず、さまざまな研究ほかで、行動経済学の「効果」は認められていますが、なかには互いに矛盾する性質の「効果」があることは、本文でも述べた通りです。

　「バンドワゴン効果」と、「希少性の法則」。
　「グルーエン効果」と「ジャムの法則」。
　いちばん最初が印象的だとする「初頭効果」と、最後がいちばん記憶に残るという「新近効果」。いや、盛り上がったところで終わるのがよいとする「ピーク・エンドの法則」。

　互いに矛盾するテクニックではありますが、目的は一つです。

お客様に、「これ欲しい！」と思ってもらい「買ってよかった！」と満足してもらうことに尽きます。

　そもそもの出発点としてマーケティングとは、お客様の立場や気持ちに成りきって、自分ならどうするかを考えてみる仕事です。
　商品の売り方を真剣に考えるとき、私もお客様に憑依し、その心境に浸りきって「何をどう買いたいか」を空想していることに気づいたりします。
　そうした姿勢ができていれば、あなたもお客様の影になり、クローンのように振る舞って、どんな場合でも適切な施策を考え出すことができるでしょう。

◎お客様を「行動」させるのは信頼関係

　ここで注意しておきたいことがあります。
　人間の心理や行動パターンを理解することは大切ですが、行動経済学の知見を頼みにして、お客様を軽視してはいけません。
　なかにはゼロ円ケータイのように、効果がありすぎて行政から規制された手法すら含まれ、場合によってはお客様を騙すような手法もあるでしょう。
　しかし、目先のテクニックだけでは長期的な関係性を築くことはできません。何よりお客様を「行動」させるのは、信頼関係です。お客様の利益を大切にしない企業は、滅びます。

最後になりましたが、本書が世に出るにあたり、あさ出版の皆様にはたいへんお世話になりました。心よりお礼を申し上げます。

「手法は一瞬、姿勢は一生」

2025年3月
弓削徹

〈索 引〉

参考文献

- 「The influence of in-store music on wine selections」North, A.C., Hargreaves, D.J.& McKendrick, J. (1999) (Journal of Applied psychology)

- 「When Choice is Demotivating: Can One Desire Too Much of a Good Thing?」Sheena Sethi Iyengar, Mark Lepper (2001) (Journal of Personality and Social Psychology)

- 「Prospect theory: An analysis of decision under risk.」Kahneman,D.& Tversky,A. (1979) (Econometrica)

- 「Judgments of and by representativeness」Tversky, A. & Kahneman, D. (1982). In 「Judgment under uncertainty: Heuristics and biases」D. Kahneman, P. Slovic & A. Tversky (Eds.), Cambridge, UK: (Cambridge University Press)

- 「The psychology of sunk cost」Hal R. Arkes & Catherine Blumer (1985) (Organizational Behavior and Human Decision Processes)

- 「Lucky Loyalty: The Effect of Consumer Effort on Predictions of Randomly Determined Marketing Outcomes」Rebecca Walker Reczek, Kelly L. Haws & Christopher A. Summers (2014) (Journal of Consumer Research)

- 「Compliance without pressure: the foot-in-the-door technique」J.L. Freedman & S.C. Fraser (1966) (Journal of personality and social psychology)

- 「The influence of task interruption on individual decision making: An information overload perspective」C. Speier, J.S. Valacich & I. Vessey (1999) (Decision sciences)

- 「Beyond nudges: Tools of a choice architecture」Johnson,E. J., Shu,S. B.,Dellaert,B. G., C. Fox,C.R., Goldstein,D.G.,Häubl,G., Larrick, R.P., Poyne, J.W., Peters, E., Schkade, D., Wansink, B. & Weber,E.U. (2012) (Marketing Letters).

- 「Using stylistic properties of ad pictures to communicate with consumers」L.A. Peracchio & J. Meyers-Levy (2005) (Journal of Consumer Research)

- 「Introducing short-term brands: A new branding tool for a new consumer reality」D Herman (2000) (Journal of Brand Management)

- 「Mood as information: 20 years later」N. Schwarz& G.L. Clore (2003) (Psychological Inquiry)

- 「Bad Moves: How decision making goes wrong, and the ethics of smart drugs」B. J. Sahakian & J.N. LaBuzetta (2013) Oxford University Press

- 「How consumers are affected by the framing of attribute information before and after consuming the product」I.P. Levin & G.J. Gaeth (1988) (Journal of Consumer Research)

- 『ファスト&スロー あなたの意思はどのように決まるか? 』ダニエル・カーネマン著、村井章子訳　早川書房

- 『経済は感情で動く』マッテオ・モッテルリーニ著、泉典子訳　紀伊國屋書店

- 『トップ営業マンが使っている買わせる営業心理術』菊原智明　明日香出版社

- 『大学4年間の行動経済学が10時間でざっと学べる』阿部誠　KADOKAWA

- 『行動経済学が最強の学問である』相良奈美香　SBクリエイティブ

著者紹介

弓削徹 （ゆげ・とおる）

製造業マーケティングコンサルタント

日本工業大学大学院 技術経営研究科教授。

復興庁 監修委員。中小機構 復興支援アドバイザー。

日本の土台である中小製造業を支える、マーケティングコンサルタントとして活動。

「ノートパソコン」の命名者。

全国の商工会議所、経済団体、企業で800回超の講師を務める。テーマは販売促進、展示会の活用法、キャッチコピー作成など。

いずれの講座も、フクザツなマーケティングのテーマを、明解なキーワードや図解で伝える内容はわかりやすく、実践しやすいと好評。

テレビ、ラジオにコメンテーター出演、経営誌紙に寄稿、取材協力を行なう。

主な著書に『「マーケティング」実践講座』（日本実業出版社）、『キャッチコピーの極意』『ネーミングの極意』（ともに明日香出版社）、『顧客は展示会で見つけなさい』（日刊工業新聞社）がある。

「売れる」のウラ教えます

武器としての行動経済学　　　　〈検印省略〉

2025年	4 月 24 日	第 1	刷発行			
2025年	8 月 17 日	第 3	刷発行			

著　者——弓削 徹 （ゆげ・とおる）

発行者——田賀井 弘毅

発行所——株式会社あさ出版

〒171-0022　東京都豊島区南池袋 2-9-9 第一池袋ホワイトビル 6F

電　話　03 (3983) 3225 (販売)
　　　　03 (3983) 3227 (編集)

F A X　03 (3983) 3226

U R L　http://www.asa21.com/

E-mail　info@asa21.com

印刷・製本　(株)シナノ

note	http://note.com/asapublishing/
facebook	http://www.facebook.com/asapublishing
X	https://x.com/asapublishing

©Toru Yuge 2025 Printed in Japan
ISBN978-4-86667-745-3 C2034

本書を無断で複写複製（電子化を含む）することは、著作権法上の例外を除き、禁じられています。また、本書を代行業者等の第三者に依頼してスキャンやデジタル化することは、たとえ個人や家庭内の利用であっても一切認められていません。乱丁本・落丁本はお取替え致します。

★ あさ出版好評既刊 ★

実生活で役立つ "武器" になる！

明解 経済理論入門

髙橋 洋一

A5判　定価1,650円　⑩

★ あさ出版好評既刊 ★

たった1つの図でわかる！
図解 新・経済学入門

髙橋 洋一

四六判　定価1,650円　⑩